C.H.BECK ■ WISSEN

in der Beck'schen Reihe

AF179002

Die Industrialisierung brachte für die Architektur neue Bauaufgaben, neue Techniken, neue Bauherren und neue Mentalitäten mit sich. In den wegweisenden Bauten des 19. Jahrhunderts wurde der Grundstein gelegt für die Stilvielfalt des 20. Jahrhunderts, die von Art Nouveau und Bauhaus bis hin zur Postmoderne und den aktuellen Tendenzen der Architektur reicht. In Norbert Huses Überblick über die Architekturgeschichte des Jahrhunderts begegnet man prägenden Figuren wie Le Corbusier, Mies van der Rohe, James Stirling und Peter Eisenman, deren bahnbrechende Bauten und Entwürfe immer wieder neu in ihren Bann ziehen.

Norbert Huse war Professor für Kunstgeschichte an der Technischen Universität München. Zu den Schwerpunkten seiner Forschung gehören die Architekturgeschichte und die Denkmalpflege. Bei C. H. Beck sind von ihm u. a. erschienen: *Venedig. Die Kunst der Renaissance* (zusammen mit Wolfgang Wolters, [3]1996), *Denkmalpflege* ([3]2006), *Kleine Kunstgeschichte Münchens* ([3]2004) und *Venedig. Von der Kunst, eine Stadt im Wasser zu bauen* (2005, in der beck'schen reihe 2008).

Norbert Huse

GESCHICHTE DER ARCHITEKTUR IM 20. JAHRHUNDERT

Verlag C. H. Beck

Mit 43 Abbildungen

Originalausgabe
© Verlag C. H. Beck oHG, München 2008
Satz: Fotosatz Amann, Aichstetten
Druck und Bindung: Druckerei C. H. Beck, Nördlingen
Umschlagabbildung: Kuppel des Gettymuseums in New York,
© Corbis (Atlantide Phototravel/Corbis – Stefano Amantini)
Umschlagentwurf: Uwe Göbel, München
Printed in Germany
ISBN 978 3 406 56255 6

www.beck.de

Inhalt

1 Hendrik Petrus Berlage, Börse, Amsterdam, 1887–1903

2 Otto Wagner, Postsparkasse, Wien, 1903–1910

Wege aus dem Historismus

Alle Streifzüge durch das 20. Jahrhundert beginnen notwendigerweise im neunzehnten, als die Industrialisierung auch die Architektur in schwere Turbulenzen brachte. Mit ihr kamen neue Bauaufgaben, neue Techniken, neue Bauherren mit neuen Mentalitäten, ein neues Publikum – und dies alles mit einer bis dahin unbekannten Beschleunigung. Ein verbindlicher Stil stand nicht zur Verfügung, weshalb man Hilfe bei der Vergangenheit suchte. Die großen Epochen wurden, teils nacheinander, teils nebeneinander, im Zeitraffer noch einmal durchgespielt und nicht selten auch bestimmten Bauaufgaben zugeordnet, die Neugotik den Kirchen, die Neorenaissance den Museen und Universitäten, der Neubarock den Ministerien und der Justiz. Die Wiener Ringstraße zeigt, daß dabei Eindrucksvolles gelingen konnte. Trotzdem blieb der Stilverlust eines der Traumata des Jahrhunderts: «Nicht nur ein Königreich, sondern den Himmel für einen Stil ... das ist das große verlorene Glück. Es gilt, die Scheinkunst, d. h. die Lüge, zu bekämpfen, wieder das Wesen und nicht den Schein zu haben», so der «Ausruf der Verzweiflung» von Hendrik Petrus Berlage. Die Entwicklungstendenzen in der Gesellschaft und in der Kunst sah er parallel, die Kunstreform als Vorbereitung der künftigen Gesellschaft. Es ist nicht ohne Ironie, daß Berlage seinen eigenen Weg in der Arbeit an einer Aufgabe fand, wie sie kapitalistischer nicht sein könnte, der neuen Amsterdamer Börse (Abb. 1). 1903 eröffnet, präsentiert sich der Bau als ein reich gegliedertes Ensemble, scheinbar in mehreren Stufen gewachsen, voller Teilsymmetrien, aber dann im ganzen doch wieder allen Regelmäßigkeiten und Zwängen sich entziehend und dadurch frei für vielfältige Bezüge zur Stadt und ihrer Geschichte. Direktes Kopieren aber fehlte, obwohl Berlage den internationalen Wettbewerb von 1897 mit einem Entwurf gewonnen hatte, der Amsterdam um ein hervorragendes historistisches Gebäude im Stile des glanzvollen 17. Jahrhunderts bereichert hätte. Der ausgeführte Bau dagegen wirkt in Charakter und Habitus früh, monumental, ein Verwandter mehr von mittelalterlichen Nutzbauten als von barokken Schlössern. Für das Innere hatte der Wettbewerbsentwurf sogar einen Festsaal im Geist des Barock versprochen, nicht die schließlich ausgeführten Backsteinhallen mit ihren offenen eisernen Dachstühlen (Abb. 1), die man eher in Industriebauten hätte erwarten können. Von der Feierlichkeit der Amsterdamer Räume, die dem dort stattfindenden Handel eine fast sakrale Würde gibt, war der damalige Industriebau allerdings weit entfernt. Berlage wurde mit seiner Börse zu einem der Begründer der europäischen Moderne, in Holland für Jahrzehnte zum Übervater. Ganz unterschiedliche Bestrebungen der nächsten Generation konnten bei ihm Anregung und Bestätigung finden. Ein Johan Jacobus Oud sah die Abkehr von historischen Formen, die knapp geschnittenen Kubaturen, die Konzentration auf das Wesentliche, der expressionistisch bewegte Michel de Klerk hingegen begeisterte sich an der Originalität der neu gefundenen Schmuckformen, am Reichtum der Texturen und Materialien. Das Zusammenwirken scheinbar so widersprüchlicher Eigenschaften blieb das Geheimnis Berlages.

1903, als die Börse eröffnete, hatte in Wien gerade der Bau von Otto Wagners Postsparkasse begonnen, deren Kassenhalle (Abb. 2) das zweite frühe Hauptwerk einer modernen öffentlichen Innenarchitektur darstellt. Sparkassen waren genossenschaftlich organisiert, die Werktätigen wollten mit ihnen der Abhängigkeit von den traditionellen Banken entrinnen. Deshalb vielleicht die auftrumpfende Modernität, mit der die Halle dem Publikum gegenübertritt. Im Charakter leicht und technizistisch, widerspricht sie, spielerisch fast, aber konsequent den Erwartungen an einen Ort, in dem traditionell Seriosität und Bonität der Institution vor Augen gestellt zu werden pflegen. Nicht von Lüstern oder Kronleuchtern kommt hier das Licht, sondern von kleinen an die Stahlstützen montierten Industrielampen; dafür werden die von Aluminium ummantelten Heizungskörper inszeniert, als wären sie Totems der Modernität.

Wo das Kundenauge Kuppeln und Kassettendecken erwartet, trifft es auf eine Industriedecke aus Glas, die von Eisenstützen durchstoßen wird, die, ebenfalls aus der Industriearchitektur eingewandert, die Säulen verdrängt haben, die Räumen wie diesem eigentlich zustanden.

Wie Berlage war auch Otto Wagner ein Kind des Historismus, und leicht hätte auch er einer von dessen großen Meistern werden können. Gleichzeitig zu Berlage erarbeitete sich auch Wagner eine neue Architektur, aber anders als bei Berlage geschah dies nicht in der Entwicklung eines einzigen Werkes, sondern in der Abfolge von mehreren. Der Anstoß kam 1894 mit dem Auftrag, der neuen Wiener Stadtbahn das architektonische Gesicht zu geben. Die Zuständigkeit für alles Technische blieb bei den Ingenieuren, in Wagners Hand lag die Gestaltung der Pavillons, der Treppen und der Brücken, was er auch als städtebauliche Herausforderung verstand. Jede Linie bekam einen eigenen Pavillontyp und damit eine eigene architektonische Identität. Die Linien durchziehen und ordnen wie Ariadnefäden die ganze Stadt. Allen Pavillons gemeinsam war die Nobilitierung des Eisens, auch wenn dies an den kaiserlichen Orten vor der Karlskirche und vor Schloß Schönbrunn teilweise in barocken Formen geschah. Wagners Eisen erscheint nicht irgendwo, sondern an den prestigeträchtigen Eingängen, für die er eine neue, eisenspezifische Säulenordnung einschließlich Kapitell und Gebälk erdachte (Abb. 3). Zu dem neuen Wien, das Otto Wagner vor Augen stand, gehörten auch in der Innenstadt Eisenbahnbrücken und Kaianlagen, deren Darstellungen er mit nach der neuesten Mode gekleideten Müßiggängern zu bevölkern pflegte.

Anders als der Sozialist Berlage wollte Wagner keine Revolution, wohl aber eine wahrhaft moderne Architektur in einer modernen Gesellschaft. Dieser Neustil, die Moderne, werde, um seine Zeit repräsentieren zu können, eine deutliche Änderung des Empfindens, den beinahe völligen Niedergang der Romantik und das alles usurpierende Hervortreten der Zweckerfüllung in allen Werken zum Ausdruck bringen müssen. Wagners Welt war nicht mehr die der Hofburg, aber auch nicht die der Wiener Arbeiterviertel, sondern die der neuen bürgerlichen

3 Otto Wagner, Stadtbahn, Wien, 1894–1900

Eliten: «Alles modern Geschaffene muss dem neuen Materiale und den Anforderungen der Gegenwart entsprechen, wenn es zur modernen Menschheit passen soll. Es muss unser eigenes, besseres demokratisches, selbstbewusstes, unser scharf denkendes Wesen veranschaulichen und den kolossalen technischen und wissenschaftlichen Errungenschaften sowie dem durchgehenden praktischen Zuge der Menschheit Rechnung tragen.» Daß solche Forderungen zumindest bei Wagner auf die Erfahrungen und Potentiale der Tradition nicht verzichten wollten, zeigt seine Kirche für die niederösterreichische Nervenheilanstalt, die mit ihren Pavillons und der Abkehr von einer Medizin des Einsperrens eine psychiatrische Pioniertat war. Wagners Kirche, die die Anlage am Steinhof bekrönt, war besonders im Inneren Teil der Medizin, denn die moderne Schönheit der Glasfenster, Mosaiken und Geräte sollte nicht zuletzt heilen helfen. Dazu gehörten, als Kehrseite, etwa auch der abfallende Boden, der nicht nur den Kranken die Sicht auf den Altar, sondern auch dem Personal die Reinigung erleichterte, oder Vorkehrungen wie die kurzen Bänke, die den Pflegern – vor der Erfindung der Psychopharmaka – schnellen Zugriff auf unruhige Patienten ermöglichten. Dank einer Außenkonstruktion, die fast so hoch ist wie der Innenraum, wirkt die vergoldete Kuppel weit in das Land hinaus – so, als stünde hier eine Wallfahrtskirche und nicht ein «Irrenhaus».

Das gebaute Œuvre von Otto Wagner gehört ohne Zweifel in die unmittelbare Vorgeschichte des Neuen Bauens, das der 1918 Gestorbene nicht mehr erlebte. Hätte er alles bauen dürfen, was er bauen wollte, ergäbe sich freilich ein komplexeres Bild, denn neben der Geschichte seiner Erfolge gibt es auch eine lange Geschichte gescheiterter Projekte, für Museen vor allem, aber auch für Ministerien, mit denen sich Wagner in die Reihe der herkömmlichen öffentlichen Architektur und ihrer Architekten zu stellen suchte. Noch 1917 dachte er über eine Friedenskirche, über ein monumentales Denkmal für Kaiser Franz Joseph und über die Erweiterung der Hofburg nach. Otto Wagner wäre wohl gern der Gottfried Semper oder, vielleicht lieber noch, der Fischer von Erlach eines modernen Wien geworden.

Art Nouveau

Gegen 1890, so sahen es bereits die Zeitgenossen, erhob sich nicht nur in Amsterdam und Wien frischer Wind in der europäischen Architektur. Die meisten der Protagonisten hatten am Historismus nicht mehr aktiv teilgenommen, und nicht wenige hatten ihre Wurzeln gar nicht in der Architektur, sondern im Kunstgewerbe. Der Aufbruch war ein europäisches Phänomen, einen gemeinsamen Namen aber gibt es nicht. In Deutschland hat sich *Jugendstil* eingebürgert, was an die *Jugend,* eine Münchner *Wochenschrift für Kunst und Leben,* erinnert, die sich aber im Leitartikel ihrer ersten Nummer ausdrücklich weder thematisch noch formal festlegen mochte. Nur interessant, schön, charakteristisch, flott und echt künstlerisch wollte man sein. Diese Wirkstoffe suchten auch die *Secession* in Wien, der *Modernisme* in Spanien, der *Stile Liberty* in Italien, der *Modern Style* in England oder *Art Nouveau* in Belgien und Frankreich. Zeitschriften, Korrespondenzen, Ausstellungen und Besuche sorgten für enge Kontakte. An seinem jeweiligen Ort war man Minderheit, Avantgarde (und genoß dies auch), zugleich aber verstand man sich als Teil einer europäischen Bewegung. Die primäre Motivation war meist eine ästhetische, enthielt aber in aller Regel auch starke moralische und gesellschaftsreformerische Impulse. Hier war England vorangegangen, wo die Folgen der Industrialisierung am frühesten sichtbar geworden waren. Auf den Spuren von Augustus W. Pugin hatten John Ruskin und William Morris das alte Ideal der Kalokagathie, des Schönguten, ins Kritische gewendet: Wenn Schönheit das Gesicht des Guten war und Häßlichkeit Ausdruck moralischen und gesellschaftlichen Verfalls, dann, so der optimistische bürgerliche Umkehrschluß, sollte es doch gelingen, durch Schönheit im Alltag auch diesen Alltag selbst und mit ihm das ganze Leben zu verbessern.

Die künstlerischen Antworten auf solche Fragen waren schon in England verschieden. Charles F. A. Voysey, der Meister gelassener und in ihrer raffinierten Einfachheit fast selbstverständlich wirkender Wohnhäuser, meinte: «Einfachheit, Ehrlichkeit, Ruhe, Unmittelbarkeit und Offenheit sind Eigenschaften, die für gute Architektur ebenso wesentlich sind wie für einen guten Menschen. Anstatt zu versuchen, poetische Ideen und moralische Ideen auszudrücken, geben wir uns mit Sinneseindrücken zufrieden, Eindrücken der Form, der Farbe, der Textur, von Licht und Schatten.» Die poetischen Ideen waren ein Seitenhieb in Richtung Edinburgh, wo Charles R. Mackintosh an einer hochstilisierten Formenwelt dichtete, die sich eigentlich selbst genug ist. Ihr spezifischer Ort ist das Interieur. Außenbauten wie die von *Hill House*, das sich von anonymer schottischer Adelsarchitektur des 16. und 17. Jahrhunderts inspirieren ließ, geben sich mit dicken Mauern und kleinen Fenstern als Schutzpanzer für die fragilen Innenräume. Deren eigentliche Bewohner sind Möbel wie die berühmten Stühle mit ihren hochgezogenen Lehnen, die oft noch zwischen Einbaumöbeln Schutz suchen müssen. Ätherische Environnements, oft von weißem Schleiflack geprägt, entstanden, in denen sich eigentlich nur mit angehaltenem Atem leben läßt. 1902 entwarf Mackintosh im Rahmen eines Ideenwettbewerbs das *Haus eines Kunstfreundes*. Das Speisezimmer zeigt einen langgestreckten Tisch mit nur zwei Stühlen, je einen an jeder Schmalseite, und vor jedem Stuhl eine schlanke Mackintosh-Vase mit vier Rosen. Wer hier einziehen wollte, hatte sich der Kunst zu fügen. Realisiert wurde ein vergleichbares Haus, noch um vieles größer und aufwendiger, wenige Jahre später von dem Wiener Architekten Josef Hoffmann für den Baron Stoclet, Erbe eines riesigen Vermögens, in Brüssel. Die sozial inspirierte Reform des Kunstgewerbes kulminierte in L'art pour l'art und Luxus.

Dies wollte Henry van de Velde eigentlich vermeiden (Abb. 4). Er hatte als Maler begonnen, sehr früh Gauguin und van Gogh für sich entdeckt und war mehr als zehn Jahre vor Kandinsky zu gegenstandslosen Bildern gelangt. Erst die sozialen Probleme des hochindustrialisierten Belgien und die Lektüre von Ruskin und

4 Henry van de Velde, Interieur, 1899

Morris brachten ihn zum Kunsthandwerk. Anders als seine englischen Gewährsleute bejahte er die Maschine und die Industrie,
denn nur mit ihrer Hilfe konnten die Segnungen der neuen Form
auch die Massen erreichen. Van de Velde war ein lebenstüchti-
ger und tatkräftiger Mann. Als er die Malerin Marie Sèthe heira-
tete, wollte er ihr einen Hausstand der üblichen Art nicht zumu-
ten, so daß er alles, vom Teelöffel bis zum Haus, neu entwerfen
mußte. Später konnte van de Velde sogar davon sprechen, jeder
Raum solle wie eine Symphonie sein und die Persönlichkeit seines Bewohners ausdrücken. Bei seinem Erstling, dem eigenen
Wohnhaus, war er noch nicht ganz soweit, aber auch hier schon
waren Ästhetik und Lebensreform aufs engste verschwistert. So
trugen die Damen des Hauses eigens vom Meister entworfene
Kleider, vom Korsett befreite Reformkleider selbstverständlich,
aber auch farbig auf Tapeten und Teppiche abgestimmte. Henri
de Toulouse Lautrec lästerte nach einem Besuch: «Nicht wahr,
unerhört, aber im Grunde sind nur der Baderaum, das Kinderzimmer und das Klosett wirklich gelungen. Wenn man das üb-

rige sieht, bekommt man Lust nach dem Zelt Meneliks mit Löwenfellen, nach Straußenfedern, nach nackten Frauen, nach Giraffen und Elefanten.»

Der kampfeslustige Adolf Loos, der von Wien aus im Namen einer nicht historistisch verstandenen Tradition gegen die falsch verstandene Moderne des Art Nouveau ins Gefecht zog, prophezeite, es werde die Zeit kommen, in der die Einrichtung einer Zelle durch Professor van de Velde als Strafverschärfung gelten werde. Loos sah sich als Bilderstürmer und Tempelreiniger, und zwar den avantgardistischen Zeitgenossen gegenüber fast mehr als gegenüber dem Prunk der Gründerzeit. Ein begnadeter Polemiker, wirkte er als ein Karl Kraus der Architektur. Seine Streitschrift *ornament und verbrechen* (1908) entwirft (vielleicht mit einem Schuß Selbstironie?) das Bild einer gereinigten Welt: «Jede zeit hatte ihren stil und nur unserer zeit soll ein stil versagt bleiben? Mit stil meinte man das ornament. Da sage ich: ‹Weinet nicht, seht, das macht ja die größe unserer zeit aus, daß sie nicht imstande ist, ein neues ornament hervorzubringen. Wir haben das ornament überwunden, wir haben uns zur ornamentlosigkeit durchgerungen. Seht, die zeit ist nahe, die erfüllung wartet unser. Bald werden die straßen der städte wie weiße mauern glänzen! Wie zion, die heilige stadt, die hauptstadt des himmels. Dann ist die erfüllung da.›»

In diesem neuen Zion wäre selbst für die beiden bedeutendsten Architekten des Art Nouveau, für Victor Horta und Antoni Gaudí, kein Platz gewesen. Die Wege, die sie einschlugen, waren sehr verschieden, einen Bezugspunkt aber hatten sie gemeinsam, die Lehren von Eugène Emmanuel Viollet-le-Duc, der seit der Mitte des 19. Jahrhunderts über eine künftige Eisenarchitektur nachgedacht hatte, der die Kathedralen der Hochgotik als Vorbild, aber nicht als Kopiervorlage dienen sollten. Viollet-le-Duc verstand Gotik primär weder als Ausdruck inbrünstigen Glaubenseifers noch als das Werk von Bischöfen und Äbten, sondern als die Großtat bürgerlicher Baumeister, die – wie die Ingenieure, aber nicht die Architekten des 19. Jahrhunderts – zur wissenschaftlichen und technischen Avantgarde ihrer Zeit gehörten. Analog wäre auch im zeitgenössischen Bauen von den modernsten Materialien auszugehen, und das bedeutete, sich den Herausforderungen des Eisens zu stellen. Im Geiste der Gotik bauen hieß für Viollet-le-Duc, modern zu bauen, nicht neogotisch.

In Hortas Frühwerk, dem *Haus Tassel* in Brüssel (Abb. 5), werden die Kraftlinien der Eisenarchitektur in den florealen Ornamenten paraphrasiert, die die Stützen umspielen, bis sich in den Kapitellzonen Konstruktion und Ornament, Natur, Kunst und avancierte Technik versöhnen. Auf dem schmalen Grundstück glänzte Horta bereits in diesem frühen Werk außerdem mit geistvollen Raumverbindungen und Blickbezügen. Horta baute aber nicht nur für das Großbürgertum, sondern auch für die Brüssler Arbeiterschaft. Ihr entwarf er im Herzen der Stadt auf einem schwierigen Grundstück einen komplexen Bau, der sein Herzstück in dem Fest- und Theatersaal im Piano nobile hatte, der mit einer sichtbaren Eisenkonstruktion brillierte, deren Leichtigkeit und Transparenz man bis dahin nur in den Ausstellungsbauten der Weltausstellungen hatte sehen können. Nun aber wurde das Eisen auch noch von der Beschwingtheit des Ornaments ergriffen, das nicht mehr Applik ist, sondern wesentliches und belebendes Element der Konstruktion. Als die *Maison du Peuple* 1964 einem modernistischen Vandalismus zum Opfer fiel, dem Art Nouveau als dekadenter Kitsch galt, verschwand einer der großen Innenräume der Jahrhundertwende, nur den Hallen von Berlage und Wagner oder der Turbinenfabrik von Peter Behrens vergleichbar.

Zu ergänzen wäre diese Reihe um die Halle der *Casa Güell* von Antoni Gaudí in Barcelona. Sie ist nicht für Arbeiterversammlungen gebaut, sondern für vornehme Gesellschaften, die sich zu Abenden mit modernster Musik zusammenfanden, und das hieß damals auch in Barcelona, Richard Wagner zu huldigen. Die Formen der über mehrere Stockwerke reichenden Halle evozieren die einer gewaltsam abgebrochenen Kultur, der der spanischen Mauren. Eigentlich hätte man hier Modernes oder Katalanisches erwarten können, aber vielleicht wollte man auch Parsifalstimmung erzeugen, wurde doch der Gral gern im Montserrat bei Barcelona lokalisiert. Der Bauherr, Eusebio

5 Victor Horta, Haus Tassel, Brüssel, 1893–1897

6 Antoni Gaudí, Casa Milá, Barcelona, 1906–1910

Güell, einer der Reichsten seiner Stadt, gehörte zu den Protagonisten einer Unabhängigkeitsbewegung, die katalanischen Pa-
triotismus mit sozialem Engagement verband. In Gaudí fand
Güell den kongenialen Partner, der ihm nicht nur den eigenen
Palast entwarf, sondern auch die Kirche für eine Arbeiterstadt
vor den Toren Barcelonas oder den großen Volkspark, den *Park
Güell*, auf einem damals noch kahlen Bergrücken über der
Stadt, der eine Gartenstadt für den Mittelstand aufnehmen
sollte. Daß es auch Differenzen gab, zeigt die *Sagrada Famiglia*,
eine bis heute nicht fertiggestellte Kathedrale, die dem frommen
Gaudí am Herzen lag wie keiner seiner anderen Bauten, bei der
er aber ohne Güell auskommen mußte.

Gaudís Visionen reichten weit. Immer wieder versuchte er
das eigentlich Unmögliche. So wollte er die Gotik, die er für
unvollendet hielt, endlich auf ihren Höhepunkt führen, und das

in einer Weise, in der auch das Katalanische zu sich selbst kommen konnte. Neben der Religion und der Gotik gehörte dazu für ihn auch die Landschaft mit der Kahlheit ihrer Berge und Felsküsten. Die Modernität dieser Industrieregion hat er zwar technisch genutzt, gestalterisch aber ignoriert. Immer neue Nahrung fanden seine Visionen in der Natur. Das Konstruktive in ihr faszinierte ihn ebenso wie das Anarchische, das Ortsspezifische ebenso wie das Universale. Kein anderer Architekt hat seine Bauten so vielfältig und auf so verschiedenen Ebenen im Dialog mit der Natur entwickelt. So gibt es Landschaft als Ort, als Gegenüber und als formales Vorbild. Die Welt der Pflanzen begeisterte ihn mit ihren Blättern und Früchten nicht weniger als mit ihren Strukturen. Hinzu kommt, als Inspirationsquelle für Architektur völlig neu, das Innere des Körpers mit seinen Knochen und Organen. Das Treppenhaus der *Casa Battló* will in Analogie zu solchen Organismen gesehen werden. Die sehr viel größere *Casa Milá* (Abb. 6), einige Straßen weiter in dem gerade fertig werdenden Stadtviertel errichtet, ist eine kühne Stahlbetonkonstruktion, die den Nutzern dieses Wohn- und Geschäftshauses ein Maximum an Flexibilität bei den Grundrissen erlaubte – Gaudí selbst fügte die Räume zu Waben, nicht zu den in Amerika üblichen Rastern. Außen aber trieb er erheblichen Aufwand, diese Modernität vergessen zu machen. Die Stützen ließ er mit von Hand bearbeiteten Steinen verkleiden, die sich zu bewegten Formationen verbinden, denen das wellige Auf und Ab der Traufen antwortet und die mitten im modernen Barcelona an die vom Meer ausgewaschenen Felsküsten der Costa Brava denken lassen.

Chicago um die Jahrhundertwende

Am Ende des 19. Jahrhunderts meldete sich zum ersten Mal die Neue Welt in der internationalen Architektur zu Wort, und zwar nicht aus New York oder Boston und auch nicht aus Washington, sondern aus Chicago. Chicago verstand sich damals als die amerikanischste aller Städte. In zwei Generationen aus dem Nichts entstanden, glaubte es sich gegen die Versuchungen durch eine verweichlichte europäische Architektur gefeit. Als Zentrum des transkontinentalen Eisenbahnverkehrs am Übergang zu den Großen Seen, als der größte Schlachthof der Welt und zunehmend auch als Bank- und Börsenplatz war es dabei, den Metropolen des Ostens den Rang abzulaufen. Die Konzentration in der Wirtschaft wurde so groß, daß die Verwaltung eigene Bauten erforderte, die Grundstückspreise in der City schossen in die Höhe. Jeder Quadratmeter mußte Profit bringen, aber technische Erfindungen halfen. Die Bürohochhäuser, so erinnerte sich Louis Sullivan, einer der Protagonisten der neuen Architektur, «entstanden aus dem Druck der Grundstückspreise ... Doch ein Bürogebäude konnte sich nicht ohne ein vertikales Transportmittel über die durch Treppen erreichbare Stockwerkszahl erheben». Der Geschicklichkeit und der schöpferischen Phantasie der Ingenieure sei dann der Personenaufzug gelungen: «Es lag allerdings in der Mauerwerkskonstruktion, daß eine neue Höhenbegrenzung eingeführt werden mußte, denn ihre immer dickeren Wände fraßen Grund und Boden zu immer höherem Preis.» Das habe die Ingenieure im Osten aufwachen lassen, die beim Brückenbau Erfahrungen mit gewalzten Konstruktionselementen gesammelt hatten: «Versuchsweise wurde die Idee eines Stahlskelettes, das alle Lasten tragen sollte, Architekten in Chicago vorgelegt ... Die Architekten von Chicago fingen etwas damit an. Die Architekten des Ostens fühlten sich abgestoßen und konnten keinen Beitrag leisten.»

Das Stahlskelett (Abb. 7) entzog keinen kostbaren Grund der ökonomischen Verwertung und war außerdem leicht zu errichten, leicht aufzustocken – und leicht zu demontieren. Auch ließ es sehr viel mehr Licht in das Gebäude als der Mauerbau, und bei der Detaillierung des Äußeren behielt man freie Hand. Da «Architektur» auch in Chicago Geschichte hieß, versuchte man es mit Pilastern, aber die ließen sich nicht beliebig oft aufeinandersetzen und auch nicht beliebig strecken. Mit gotischen Diensten tat man sich zwar leichter, aber viel Nachfolge haben die entsprechenden Versuche nicht gefunden. Unverhüllt konnte der Stahl nicht bleiben, denn die Stadt stand unter dem Trauma

7 Hochhaus
im Bau, Chicago,
um 1890

des großen Brandes, der 1871 die ganze Innenstadt vernichtet hatte. Um 1890 entstand schließlich eine Gruppe von Bauten, die meisten von den Büros Holabrid & Roche und Burnham & Root entworfen, die auf historische Bezüge verzichteten. Jedes Mitglied dieser Hochhausfamilie hatte ein eigenes Gesicht, aber auch die Familienähnlichkeit war stark. Alle sind rektangulär, im Grundriß wie im Detail, alle haben große Fenster. Unterschiede gibt es bei der Höhe, was Chicago eine ebenso moderne wie lebendige Skyline bescherte, sowie bei den Details. Es waren diese Bauten, unter denen das *Reliance Building* vielleicht den Schönheitspreis verdient, die um 1950 Mies van der Rohe zu Hochhäusern wie denen am Lake Shore Drive inspirierten, die die Essenz des Gebäudetyps und des Genius loci zu formulieren schienen. Chicago, so mochte es aussehen, kam im Werk des deutschen Einwanderers zu sich selbst.

Tatsächlich aber waren die Bauten von Mies nicht Fortsetzung, sondern Neubeginn, denn bereits in den neunziger Jahren wollten viele in Chicago gar nicht mehr besonders amerikanisch sein, sondern international. Bei der Weltausstellung von 1893, vierhundert Jahre nach Kolumbus, trat ein Chicago auf den Plan, das nicht nur mit einer in Aufwand und Effekt nie gesehenen elektrischen Beleuchtung verblüffte, sondern auch mit Kuppeln, Achsen, Hundertschaften von Säulen und kostbarsten Materialien, die selbst dem anspruchvollsten römischen Kaiser Respekt abgenötigt hätten. Daniel H. Burnham, einer der Führenden in den achtziger Jahren, dachte schon 1897 über ein Chicago nach, das selbst Paris übertreffen würde. *Paris by the Lake* hieß nun das Ziel, und 1907 konnte Burnham auch die entsprechenden Pläne vorlegen. Das Paris der Belle Époque hätte seine urbanistische Spitzenstellung in der Welt verloren, und damit auch jeder die Herausforderung verstand, war ein Opernhaus vorgesehen, das die kaiserliche Oper in Paris kopiert hätte, aber um einiges größer geworden wäre.

Da Baugrund in Downtown Chicago viel zu teuer war, um ihn für Wohnungen zu verschwenden (Wohnhochhäuser kamen erst später auf), entstanden komplementär auch reine Wohnstädte mit Eigenheimen. Sie lagen jenseits der Fabriken und der

Wohngebiete der Arbeiterschaft, waren aber dank der Vorortbahnen gut zu erreichen. Wer abends nach Hause kam, konnte
Frau und Kinder in einer sozial homogenen Umgebung begrü
ßen, in der die Probleme der Innenstadt keine Rolle spielten.
Daß in diesen Suburbs viel gebaut wurde, ergab sich aus dem
Bedarf. Daß aber in einigen dieser Vorstädte, besonders in Oak
Park und River Forest, Architektur von Weltrang entstand, weil
in Oak Park Frank Lloyd Wright sein erstes Büro eröffnet hatte,
war ein Glücksfall. Wrights damalige Klientel war in der Regel
nicht wirklich reich, aber wohlhabend und sozial wie ästhetisch
aufgeschlossen genug, um den Architekten aus der Nachbarschaft arbeiten zu lassen. Noch heute kann man dort bei einem
Spaziergang etwa dreißig Bauten von ihm kennenlernen. Unter
hohen Bäumen und nicht von den europäischen Zäunen gegeneinander abgegrenzt, stehen sie beieinander, jedes anders und
doch alle verwandt, und bilden gemeinsam einen öffentlichen
Raum besonderer Art. Wright hat seine damalige Vorstadtarchitektur im nachhinein zu *Prairiearchitektur* stilisiert, obwohl
seine Bauherren eher Pendler waren als Pioniere. Ihrer inneren
Logik nach ist es eine Architektur, die einen sozialen Kontext
braucht – und schafft, nicht eine von Solitären. Auch mit den
Blockhütten der Siedler hat Wrights Architektur nichts zu tun,
viel näher ist sie der japanischen Baukunst, die Wright aus Abbildungen kannte und von der er 1893 auf der Weltausstellung
am Ufer des Lake Michigan auch ein charakteristisches Beispiel sehen konnte. Von dort kommen die schmucklosen Wandflächen, aber auch die Dächer. Sein erster selbständiger Auftrag
für ein Wohnhaus, das *Winslow House*, entstand noch im Jahr
der Weltausstellung. Es zeigt, wie Wright den Baukörper von
außen aufzubrechen und von innen neu zu organisieren versuchte. Zentrale Orte sind das Kinderzimmer und die Kamine,
schon in der Mythologie das Zentrum des Hauses. Was noch
fehlte, aber bald darauf erreicht wurde, war der Verzicht auf
den geschlossenen Hauskörper, die «Box», von der Wright ein
Leben lang mit Verachtung sprach. Lange nachdem er Chicago
verlassen hatte, formulierte er eine Art Kodex für seine «Prairiearchitektur»: Das Haus sollte auf seine wesentlichen Bestand-

teile zurückgeführt werden, die Räume seien so zu öffnen, daß Licht, Luft und Ausblick ihnen zur Einheit verhelfen könnten. Das Gebäude im ganzen sei mit seinem Ort zu verbinden, und dies vor allem in der Horizontalen, parallel zum Boden. Das *Willits House* (Abb. 8, 9), etwa vierzig Kilometer nördlich von Chicago gelegen, ist ein erstes Meisterwerk solchen Bauens. Von der Kaminzone im Kern des Hauses greifen vier Flügel nach außen aus, zum Garten hin, aber auch zu den Nachbarn. Jeder Flügel hat sein eigenes beschützendes Dach, alle sind gegeneinander geöffnet, gehen aber nicht ineinander über. Wohnraum und Speiseraum öffnen sich zu überdachten Terrassen, die Teil des Hauses bleiben, denn sie bieten zwar Ausblick, aber keinen unmittelbaren Zugang zum Garten. Das Haus öffnet sich zur Natur und zu den Nachbarn, behauptet aber trotzdem seine räumliche Integrität. Es lebt unter dem Schutz seiner Dächer, es ist Zufluchtsort, *shelter*, aber keine Festung.

Das Haus soll eine bestimmte Art des Zusammenlebens ermöglichen, architektonisch darstellen und dadurch zu ihr einladen. Als Wright 1910 seine Architektur in einer großen Publikation in Europa vorstellte, betonte er das Amerikanische an ihr und damit auch das Demokratische. Ziel sei die Entfaltung des Individuums in Übereinstimmung mit einem harmonischen Ganzen: «In Amerika besitzt also jeder Mensch tatsächlich dieses besondere unveräußerliche Recht, sein Leben im eigenen Haus auf eigene Weise zu leben. Er ist mindestens dort Pionier.» Den europäischen Architekten waren allerdings die Zeichnungen in Wrights Buch wichtiger als die Texte. Manches haben sie wohl falsch verstanden, wenn sie zum Beispiel Beton zu sehen glaubten, wo Wright mit Holz und Putz gearbeitet hatte. Niemand in Europa aber konnte ein so umfangreiches, homogenes und modernes Œuvre vorweisen wie der Amerikaner. Im Büro von Peter Behrens, in dem auch Le Corbusier, Mies van der Rohe und Walter Gropius zeichneten, soll der Band von Wright immer aufgeschlagen zur Konsultation bereitgelegen haben, und von dem stolzen Otto Wagner wird der Satz kolportiert: «Der kann mehr als ich!»

8 Frank Lloyd Wright, Willits House, Highland Park, 1902

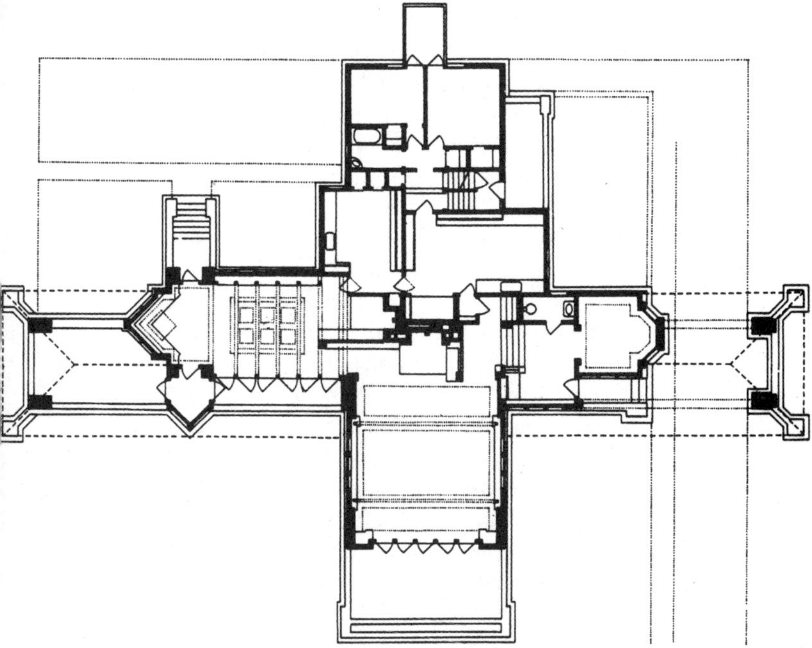

9 Frank Lloyd Wright, Willits House, Highland Park, 1902

Vom Deutschen Werkbund
zum Bauhaus

Die Experimente des Art Nouveau waren Teil der vielen bürgerlichen Reformbewegungen, die um die Jahrhundertwende Wege
zu einem besseren Leben erkundeten. Die einen suchten es in
der Freikörperkultur, andere in der Eurhythmie oder in der Na-
turheilkunde, wieder andere in der Wohnungsreform oder in
den Gartenstädten. Die meisten der etwa einhundert Gäste, die
Anfang Oktober 1907 im Münchner Hotel Vier Jahreszeiten
zusammenkamen, um der Gründung des Deutschen Werkbundes beizuwohnen, werden in mehr als einem Bereich engagiert
gewesen sein. Eingeladen hatten je zwölf Persönlichkeiten aus
Kunst und Industrie. Die einen hatten erkannt, daß sie auch mit
dem raffiniertesten und funktionalsten Kunstgewerbe Gefange-
ne des großbürgerlichen Salons blieben, die anderen hatten in
der Konkurrenz mit England auf dem Weltmarkt erfahren, daß
technische Qualität nicht ausreichte, wenn die Form der Produkte nicht genügte.

Die programmatische Rede hielt Fritz Schumacher, damals
Professor für Architektur in Dresden. Aus der unhemmbaren
wirtschaftlichen und technischen Entwicklung der Zeit sei an
der Wurzel des kunstgewerblichen Lebens eine große Gefahr
entstanden, die Gefahr der Entfremdung zwischen dem ausfüh-
renden und dem erfindenden Geiste. Diese Gefahr lasse sich
nicht verschleiern, und aus der Welt zu schaffen sei sie auch
nicht, solange es eine Industrie gebe. Man müsse also versuchen,
sie zu überwinden. Wenn sich Kunst mit der Arbeit des Volkes
wieder enger verschwistere, seien die Folgen nicht nur ästheti-
scher Natur. Nicht allein für den Feinfühligen werde gearbeitet,
sondern auch für den Arbeitenden: «Spielt in sein Tun der Le-
benshauch der Kunst herein, so steigert sich sein Daseinsgefühl,
und mit dem Daseinsgefühl steigert sich seine Leistungskraft ...

Und so ist Kunst nicht nur eine ästhetische, sondern zugleich eine sittliche Kraft, beides zusammen aber führt in letzter Linie zur wichtigsten der Kräfte, der wirtschaftlichen Kraft.»

Unter denen, die nach München eingeladen hatten, war auch Peter Behrens, der im gleichen Jahr zum künstlerischen Beirat der Allgemeinen Elektricitätsgesellschaft (AEG) in Berlin berufen worden war. In seine Kompetenz fiel alles, was man gestalten konnte. Ziel war ein einheitliches Erscheinungsbild von allem, was AEG hieß. Heute würde man von *corporate identity* sprechen. Gedacht wurde vom Markt aus. Werbestrategien bestimmten die Präsentation der Produkte vom Schaufenster bis zum Katalog, beeinflußten aber auch die Produkte selbst. Ein berühmtes Plakat zeigte 1913 mit einer Lampe für die Beleuchtung von Fabriken einen der Verkaufsschlager aus dem Büro von Peter Behrens vor einem Bau von Peter Behrens (Abb. 10),

10 Büro Peter Behrens, Plakat mit Fabriklampe und Turbinenfabrik, 1913

der allerdings nicht der Herstellung von Lampen diente, sondern der von Großturbinen.

Bei der Architektur stand der Industriebau im Mittelpunkt. Die Architekten waren zuständig für die Umkleidung dessen, was die Ingenieure ihnen vorgaben, nicht mehr, aber auch nicht weniger. Bauten wie die Turbinenfabrik verdankten ihre Existenz der Not. Man brauchte stützenfreie Räume, um die dort produzierten Großgeräte während der Montage bewegen zu können. Selbst dabei mischten sich Technik und Ästhetik mit Sozialpolitik, denn auch vom sozialen Standpunkt aus, so Walter Gropius 1913, sei es nicht gleichgültig, «ob der moderne Industriearbeiter in öden, häßlichen Industriekasernen oder in wohlproportionierten Räumen seine Arbeit verrichtet. Er wird freudiger am Mitschaffen großer gemeinsamer Werte arbeiten, wenn seine vom Künstler durchgebildete Arbeitsstätte dem einem jeden eingeborenen Schönheitsgefühl entgegenkommt und auf die Eintönigkeit der mechanischen Arbeit belebend einwirkt.» Tatsächlich brachten die nach damaligen Maßstäben sehr gut beleuchteten Hallen den Arbeitern sehr viel mehr Sicherheit, erleichterten aber auch die Kontrolle. Nach außen wurden die großen Glasflächen in ihrer Wirkung durch die wie Säulen auf Sockel gesetzten Gelenkbinder unterstützt. Sie erinnern daran, daß der Giebel an der Schauseite und die pylonenähnliche Umkleidung der Ecken einem zeitgenössischen Bau gelten, nicht einem ägyptischen Tempel. Bei der Verkleidung des Faguswerkes in Alfeld hat Walter Gropius wenig später alle historischen Assoziationen beiseite gewischt. Die Schuhleisten, die dort hergestellt wurden, waren kein Produkt der Hochtechnik, ihr Fabrikant aber hatte in Amerika Werbestrategien studiert und ließ sich nun vom Architekten eine Fassade liefern, die vor allem durch die gläserne Ecke zu einer der Ikonen der Moderne werden sollte. Daß Gropius dabei ästhetisch eine Technik vorwegnahm, die es in ausgereifter Form noch gar nicht wirklich gab, hat ihn wenig gestört, die Fabrik blieb über Jahrzehnte haustechnisch ein Problem, viel zu heiß im Sommer, dafür im Winter viel zu kalt.

1914 wollte der Werkbund eine erste Bilanz ziehen. Für kurze Zeit war am Rhein, der Kölner Altstadt gegenüber, eine Ausstellung zu sehen, die durch den Ausbruch des Ersten Weltkriegs ein vorzeitiges Ende fand. Wer Modernes erwartet hatte, wurde enttäuscht, denn nur zwei der vielen Bauten wiesen in die Zukunft, das Theater von Henry van de Velde und der Glaspavillon von Bruno Taut. Die Musterfabrik von Gropius, die moderne gläserne Treppenhäuser wie symmetrische Risalite nach außen kehrte, war im Vergleich zu dem vier Jahre älteren Bau in Alfeld in der ästhetischen Konzeption ein Schritt zurück. Immerhin: zweimal Glas, beide Male mit dem Anspruch, materialgerecht zu bauen, einmal aber, bei Gropius, transparent und technoid, bei Taut hingegen, dem Freund und Kampfgefährten, opak, farbig, ein Material der Verzauberung. Kein Wunder, daß auf der Generalversammlung von 1914 auch in anderer Hinsicht fundamentale Verwerfungen an die Oberfläche kamen. Paragraph 2 der Satzung besagte: «Der Zweck des Bundes ist die Veredlung der gewerblichen Arbeit im Zusammenwirken von Kunst, Industrie und Handwerk durch Erziehung, Propaganda und geschlossene Stellungnahme zu einschlägigen Fragen.» Hermann Muthesius verlangte nun forcierte Typisierung, weil nur so ein allgemein geltender Geschmack Eingang finden und die Vorbedingungen für einen kunstindustriellen Export geschaffen werden könnten. Dagegen meinte Henry van de Velde: «Solange es noch Künstler im Werkbund geben wird und solange diese noch einen Einfluß auf dessen Geschicke haben werden, werden sie gegen jeden Vorschlag eines Kanons oder einer Typisierung protestieren.»

Im Vorfeld des Ersten Weltkrieges geriet der Werkbund immer mehr in den Bann des deutschen Imperialismus. Hermann Muthesius war der Ansicht, daß die militärische Zucht Deutschland für die gute Form prädestiniere. Wie man auf dem Schlachtfeld in der Kriegspolitik und der Kriegswirtschaft alles auf den Sieg ausrichte, so müsse das auch im Werkbund geschehen: «Es gilt mehr, als die Welt zu beherrschen, mehr, als sie zu finanzieren, sie mit Waren und Gütern zu überschwemmen. Es gilt, ihr das Gesicht zu geben. Erst das Volk, das diese Tat vollbringt, steht wahrhaft an der Spitze der Welt, und Deutschland muß dieses Volk werden.»

1918/19 lehnten die Jungen sich auf. Ihr Wortführer war Bruno Taut, der als einziger unter den bekannteren Architekten 1914 der Kriegsbegeisterung widerstanden und seit 1916 über eine neue Architektur für die Zeit nach dem verlorenen Kriege nachgedacht hatte. Der Werkbund war kompromittiert. Bruno Taut und seine Anhänger waren der Meinung, daß die Hoffnung auf die moderne Formarbeit nur sich selbst genüge und nicht in die Zukunft weise: «Wir nennen es nicht Architektur, tausend nützliche Dinge, Wohnhäuser, Büros, Bahnhöfe, Markthallen, Schulen, Wassertürme, Gasometer, Feuerwachen, Fabriken und dergleichen in gefällige Formen zu kleiden.» Die Alhambra, Angkor Vat oder der Dresdner Zwinger seien unerreichbar. Die Städte, gebaute Gemeinheiten, sollten zusammenfallen, die Menschen sich dafür in gläsernen Welten läutern und zum Beispiel die Alpen überbauen statt gegeneinander in den Krieg zu ziehen. Alles Heutige sei nur Vorarbeit und Zukunftssehnsucht.

Zukunftssehnsucht beflügelte auch Walter Gropius, als er 1919 die Jugend nach Weimar einlud, um an der Vorbereitung eines Zukunftsbaues mitzuwirken, «der alles in einer Gestalt sein wird: Architektur und Plastik und Malerei, der aus Millionen Händen der Handwerker einst gen den Himmel steigen wird als kristallenes Sinnbild eines neuen kommenden Glaubens.» Vorbild waren die Kathedralen des Mittelalters. Zweifel an diesem Weg ließen aber auch in Weimar nicht auf sich warten. Als sich das Bauhaus 1923 zum ersten Mal mit einer Ausstellung an die Öffentlichkeit wandte, war die Wende bereits vollzogen. Oskar Schlemmer, von Anfang an dabei, hielt kritischen Rückblick: Das Bauhaus sei zunächst Sammelpunkt derer gewesen, die zukunftsgläubig und himmelstürmend die Kathedrale des Sozialismus hätten bauen wollen. Nun aber die Umkehrung der Werte, der nächste Glaube, Amerikanismus auf Europa übertragen, die neue in die alte Welt gekeilt, Tod der Vergangenheit, dem Mondschein und der Seele: «Mathematik, Konstruktion und Mechanismus sind die Elemente und Macht und Geld die Diktatoren der modernen Phänomene aus Eisen, Beton, Glas, Elektrizität.» – «Gegründet auf die Macht des Kapitals, ein Werk des Menschen gegen Menschen. Tempo und

Hochspannung des Merkantilen machen Zweck und Nutzung zum Maßstab aller Wirkung.»

Eine Architekturabteilung gab es unter Gropius am Bauhaus nicht. Trotzdem wurde das Bauhaus für Freunde wie Gegner zu dem Symbol modernen deutschen Bauens schlechthin. Aus Weimar von einer rechten Regierung hinausgedrängt, fand es in Dessau eine neue Heimat. Die alte Residenzstadt war Standort der Junkers-Werke, also der damals hochmodernen Luftfahrtindustrie, geworden, ein zukunftsweisendes Image mochte deshalb von Vorteil sein. In einer schöpferischen Peripetie, die bei ihm ihresgleichen sucht, entwarf Gropius 1925/26 innerhalb weniger Monate nicht nur die Meisterhäuser, sondern auch das Schulgebäude. Wie fünfzehn Jahre zuvor beim Faguswerk ist er auch dabei über sich hinausgewachsen. Das Gropiussche Bauhaus war in der Architektur von Anfang an nicht nur Realität, sondern auch Medienereignis. Allzu viele kamen nicht bis Des-

11 Walter Gropius, Bauhaus, Dessau, 1926

sau, so daß Fotos, besonders wenn sie so brillant waren wie die von Lucia Moholy-Nagy, stärker wirkten als das real existierende Bauwerk. Die wichtigste Ansicht, so Gropius, sei die aus der Luft: «Der typische Bau der Renaissance, des Barock, zeigt die symmetrische Fassade, auf deren Mittelachse der Zuweg führt ... Ein aus dem heutigen Geist entstandener Bau wendet sich von der repräsentativen Erscheinungsform der Symmetriefassade ab.» Und außerdem, in der Stadt der Junkers-Werke naheliegend: «Die Verkehrswege in der Luft erheben eine neue Forderung an die Erbauer von Häusern und Städten: Auch das Bild aus der Vogelschau (Abb. 11), das der Mensch früherer Zeiten nicht zu Gesicht bekam, bewusst zu gestalten.» Erst von oben sieht man, wie der damals noch frei stehende Bau sich gliedert, sieht man simultan das Wohnheim der Studenten, den Werkstättentrakt, der unbedingt wie eine Fabrik aussehen will, und den eigentlich unnötigen, symbolisch aber wichtigen Brückenbau, in dem nicht zufällig das Rektorat und die künftige Architekturabteilung Platz fanden. Dank der propagandistischen Genialität von Gropius wurde das Bauhaus, die Institution wie ihre Gebäude, zu einer der Ikonen der Weimarer Republik, und mit deren Krisen verschärften sich auch die des Bauhauses. Die Nachfolger von Gropius, Hannes Meyer und Ludwig Mies van der Rohe, unter denen schließlich auch Architektur unterrichtet wurde, konnten seine Synthesen nicht am Leben erhalten.

«Befreites Wohnen»

Die Ausstellung, die der Werkbund 1927 am Weißenhof in Stuttgart ausrichtete, war ein Erfolg (Abb. 12). Fünfzehn Architekten aus sechs Ländern überraschten durch unerwartete stilistische Geschlossenheit. Wer der Gegner war, zeigte das Stuttgarter Plakat: ein gründerzeitliches Interieur, von kräftigen roten Pinselstrichen durchkreuzt. Der Untertitel: «Wie wohnen?» Neben dem Wohnen der Eliten rückte in den zwanziger Jahren das

12 Weißenhofsiedlung, Stuttgart, Vordergrund rechts Haus Scharoun, 1927

Wohnen der städtischen Massen in den Vordergrund. Sie galt es
zu versorgen, aber das konnte nur gelingen, wenn man sie dazu
brachte, das Wohnen neu zu lernen, war doch auch bei ihnen die
bürgerliche Wohnung mit ihren Derivaten die Norm. Berüchtigt
war die dunkle Gute Stube, nur höchst selten benutzt, aber voll-
gestellt mit mühsam ersparten Möbelgarnituren. Siegfried Gie-
dions Buch *Befreites Wohnen* zeigt als Gegenbild auf dem Umschlag den Ausblick auf den Balkon einer Züricher Siedlung mit
einem müßigen Paar. Über den Umschlag verteilt: «Licht, Licht,
Licht», «Luft, Luft, Luft» und «Öffnung, Öffnung, Öffnung».
Man brauche ein Haus, das sich in Einklang befinde mit einem
durch Sport, Gymnastik und sinngemäße Lebensweise befrei-
ten Körpergefühl: «Wir wollen befreit sein vom Haus mit dem
Ewigkeitswert, vom Haus mit der teuren Miete, vom Haus mit
den dicken Mauern, vom Haus als Monument, vom Haus, das
durch seinen Unterhalt versklavt, vom Haus, das die Arbeits-
kraft der Hausfrau verschlingt.» Eher schon ein Haus als Ge-
brauchsgegenstand, ein Gerät wie andere auch, «une machine à
habiter», wie Le Corbusier sie vorgestellt hatte, der im Wohnen

das wichtigste Problem seiner Zeit sah: Seine beiden Stuttgarter Häuser, die so heftige Reaktionen auslösten, waren Teil einer Versuchsreihe, in der Le Corbusier seine Villen als Laboratorien benutzte, um neue Möglichkeiten des Wohnens zu erkunden. «Das Räderwerk der Gesellschaft ist ernstlich gestört, es schwankt zwischen einem Aufschwung von historischer Bedeutung und einer Katastrophe. Der Urinstinkt eines jeden Lebewesens ist darauf ausgerichtet, sich eine Ruhestätte zu schaffen. Die verschiedenen arbeitenden Klassen der Gesellschaft haben heute keine angemessene Ruhestätte mehr, weder der Arbeiter der Hand noch der des Geistes. So ist der Schlüssel für die Wiederherstellung des heute gestörten Gleichgewichts ein Bauproblem: Baukunst oder Revolution.» Auf die Wünsche und Bedürfnisse seiner Bauherren wie auf das faktische Funktionieren der Häuser nahm der ungeduldige Architekt dabei nur selten Rücksicht. Eines seiner wichtigsten Bezugsfelder war die moderne Technik, und darin wiederum der Bereich des luxuriösen Konsums: der Ozeandampfer, das Flugzeug, das Luxusauto. Die Verklärung der Technik paarte sich mit der Verklärung der euklidischen Geometrie. Die *Villa Stein* in Garches (Abb. 13) will in ihrem Dachgarten an das Oberdeck eines Ozeandampfers erinnern, in ihren Treppenhäusern an dessen Inneres. Die *Villa Savoye* in Poissy (Abb. 14) zeigt im Hauptgeschoß eine reine Form, eine Box, wie Wright gelästert hätte, die auf dünnen Stützen dem Boden enthoben wird, um den Autos Platz zu lassen, die dort ihre Durchfahrt und ihre Unterkunft haben – der Erdgeschoßgrundriß richtet sich nach ihrem Wendekreis. Die Treppen spielen mit den Erwartungen zeitgenössischer Besucher, denn die Haupttreppe ist zur schmalen Rampe reduziert, die Wendeltreppe aber, traditionell versteckt und für die Dienerschaft bestimmt, hat der Architekt in den Mittelpunkt gerückt. Beide erschließen das Piano nobile, wo sich innerhalb des umfassenden Rechtecks eine Gruppe geschlossener und offener Räume entfaltet, von denen eine Rampe zu dem aufgesetzten Solarium führt, das der körperlichen Ertüchtigung und dem Sonnenkult dient, die in den zwanziger Jahren unverzichtbare Bestandteile moderner Lebensführung waren.

13   Le Corbusier, Villa Stein, Garches, Dachgarten, 1927

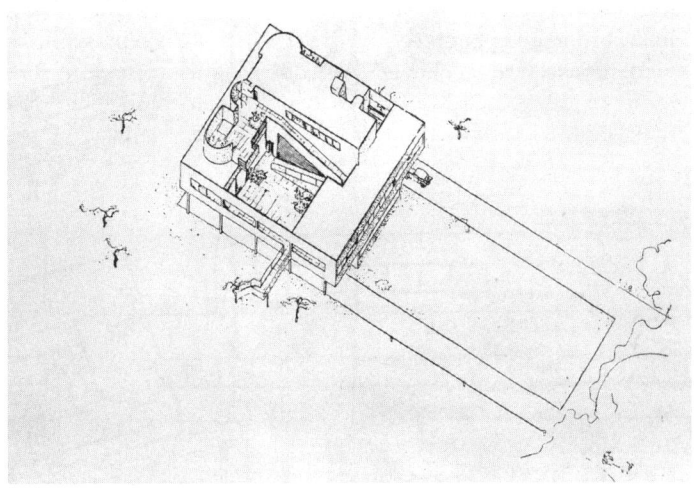

14   Le Corbusier, Villa Savoie, Poissy, Vorzeichnung, 1929

Le Corbusier, der Picasso der neuen Architektur (J. Posener), war der Provozierendste und publizistisch Erfolgreichste unter denen, die neue Wohnformen suchten, aber er war nicht der einzige. Viele gerieten in den Schatten seiner glanzvollen publizistischen Selbstinszenierung, unter ihnen auch Adolf Loos, der vor allem im Inneren seiner Häuser experimentierte. Die nachträgliche Benennung seiner Bemühungen als *Raumplan* ist mißverständlich, war es doch Adolf Loos gerade nicht um das Plane zu tun, sondern um die dritte Dimension, das Durchstoßen der Decke und die Verbindung von oben und unten zu einem gestuften Gesamtraum. In deutlichem Widerspruch zu Mies van der Rohe, der seine Bauten zu öffnen suchte, betonte Loos kubische Geschlossenheit, und im Widerspruch auch zu Le Corbusier vermied er moderne Materialien wie Glas und Metall, denn er suchte Zeitlosigkeit, nicht Zeitgenossenschaft.

Die radikalsten Vorschläge kamen von Mies van der Rohe. Vor dem Weltkrieg als Architekt moderat moderner Villen durchaus nicht erfolglos, publizierte er 1924 mit seinem Landhaus in Backstein (Abb. 15) einen Entwurf, der zwar von Frank Lloyd Wright ausging, ihn aber an Radikalität weit übertraf. Drei Mauerzüge, deren Herkunft (oder Ziel?) im Ungewissen bleibt, ordnen den Bauplatz und geben dem Haus seine Koordinaten. Die ausgreifenden Dächer, die Wrights Häuser in ihre Obhut nahmen, hat Mies gestrichen, und auch sonst ist das Haus minimalistisch auf seine Grundelemente reduziert. Eine

15 Ludwig Mies van der Rohe, Landhaus in Backstein, Entwurf, 1924

Unterscheidung von Fenstern und Türen gibt es nicht mehr, die Glaswände gehen vom Boden bis zur Decke durch, gleichgültig, ob sie als Fenster oder als Durchgänge dienen; innen ist die Trennung von Zimmern und Gängen aufgegeben, vielmehr werden frei stehende Wände so gegen- und zueinander geschoben, daß bewohnbare Binnenbereiche entstehen, eine Mitte gibt es nicht. Während Le Corbusier sich beim Entwerfen durchaus ideale Bewohner vorstellte – Ingenieure und leitende Angestellte waren die Helden seiner Soziologie –, hatte Mies vor allem die Grundelemente der Architektur im Auge. Dergleichen wollte aber so ohne weiteres niemand bewohnen. Mies arbeitete deshalb auf zwei Ebenen, der der ausgeführten Bauten, bei denen er seinen Bauherren entgegenkommen mußte, und der der programmatischen Werke, von denen der Pavillon, der 1929 für einige Monate die Weltausstellung von Barcelona zierte, der berühmteste wurde. Gesehen haben ihn nur wenige, seine nachhaltige Wirkung ging von den Schwarzweißfotos aus, die notwendigerweise die intensive sinnliche Wirkung der Materialien – der durchlaufende Boden aus Travertin, dazu viel Glas, transparentes wie milchiges, metallene Stützen, Wasserbecken und stark farbige Marmorwände – zum Schweigen brachten. Die Öffnung der Räume zueinander und nach außen bleibt auf den Tempelsockel beschränkt, auf den der Architekt ein Gebilde hob, das sich von keinem Punkt aus ganz erschloß, sondern nur zeitlich, beim Durchwandern. Für einen dauernden Aufenthalt wäre der Bau kaum tauglich gewesen, die Architektur war sich selbst genug, der Narzißmus nicht fern.

Den ehrgeizigen Versuch, etwas Vergleichbares auch für tatsächliches Wohnen zu verwirklichen, unternahmen Grete und Fritz Tugendhat in Brünn (Abb. 16). Ihr Haus war kaum fertig, da entbrannte eine Diskussion, ob man im Haus Tugendhat wohnen könne. Nein, sagte die Kritik von links, Staunen und Benommensein dominierten, nicht einmal einen Teppich könne man verrutschen, ohne eine Heiltumsschändung zu begehen. Die vermeintlichen Opfer waren anderer Meinung: Ein Privathaus sei zwar nicht der beste Ort für Miessche Raumideen, aber die Strenge des Hauses bringe auch Gewinn. Sie verbiete «ein

16   Ludwig Mies van der Rohe, Haus Tugendhat, Brünn, 1928–1930

nur auf Ausruhen und Sich-Gehen-Lassen gerichtetes Die-Zeit-
Verbringen, und gerade dieses Zwingen zu etwas anderem hat
der vom Beruf ermüdete und dabei leer gelassene Mensch heute
nötig und empfindet es als Befreiung.» (Grete Tugendhat).

Die Gegenwelt zum Glanz der Villen bildeten die Siedlungen.
Am ausgeprägtesten war diese neue Baukultur in Deutschland,
der etwas altfränkische Begriff *Siedlung* hielt als Fremdwort
auch Einzug in ausländische Publikationen, denn keine Überset-
zung, *housing development* etwa, kann das Pathos einfangen,
das in ihm mitschwingt. Vor dem Ersten Weltkrieg waren die
Bauherren meist Firmen wie Krupp oder die Spandauer Rü-
stungsfabriken, die auf Facharbeiter angewiesen waren, die am
Ort blieben und nicht politisch aktiv wurden. Nach dem Krieg
nahmen sich vor allem Städte und Genossenschaften der Siedlungen an. Neues, gesundes und preiswertes Wohnen war dabei
nicht unbedingt an avantgardistische Architektur gebunden,
wie die Erfolge der Wiener Gemeindebauten oder die Hamburger Siedlungen aus der Zeit von Fritz Schumacher belegen. In
Holland standen der demonstrativen technischen und formalen

Modernität von Ouds Bauten in Rotterdam die expressionistisch am Mittelalter orientierten Amsterdamer Siedlungen des
Kreises um de Klerk gegenüber.

In einer Zeit, in der Tuberkulose noch eine Volkskrankheit
war und Wahlplakate sich rühmen konnten, daß im roten Wien
«nur» noch fünfundsiebzig von tausend Kindern stürben, empfanden alle, die aus den Hinterhöfen in die Siedlungen zogen,
das Licht, die Luft und den Blick ins Grüne als ungeahnten Fortschritt. «Es war, als öffne sich der Himmel», sagte noch nach
sechzig Jahren einer der ersten Siedler in der Berliner Siemens-
stadt. Für viele war das Wohnen in der Siedlung auch politisches
Bekenntnis. An der *Hufeisensiedlung* in Berlin-Britz von Bruno
Taut und Martin Wagner (Abb. 17) wird dies noch heute anschaulich. Sie fordert eine Siedlung für Angestellte heraus, die
mit ihren spitzen Dächern an die Tradition anzuknüpfen suchte.
Dagegen dann die *Rote Front* der Arbeiter (*Rotfront* hieß das
sozialistische Gegenstück zur SA), die sich in der Mitte zu dem
hellen Hufeisen öffnete, in dem das Kollektiv den einzelnen
schützend umfing. Später, in der Berliner Siedlung *Onkel Toms
Hütte* etwa, ist Taut bis ins städtebauliche Detail hinein noch zu

17 Bruno Taut, Hufeisensiedlung, Berlin–Britz, 1925–1933

wesentlich differenzierteren Lösungen gelangt, hat damit aber keine Nachfolge gefunden. Zu groß und drängend war der Wohnungsbedarf der Massen, und das verlangte Rationalisierung.

Die Wohnungen wurden im Laufe der zwanziger Jahre immer kleiner, die Normierung immer größer. Nach wie vor war das Bauwesen mittelständisch organisiert und konservativ, während die modernen Architekten davon träumten, die von Henry Ford und Charles F. Taylor entwickelten industriellen Produktionsweisen auf die eigenen Baustellen zu übertragen. Am weitesten ist man damit unter der Leitung von Ernst May 1925/29 im *Neuen Frankfurt* gekommen. Die Bauteile wurden in städtischen Betrieben vorgefertigt – eine Hauseinheit konnte schließlich an einem Tag errichtet werden. Klappbetten erlaubten, dieselbe Fläche tags wie nachts zu nutzen, und nicht einmal vor der Küche machte die Technisierung halt. Grete Lihotzky-Schütte erdachte ein hochtechnisiertes Kochlabor, das der Hausfrau jeden überflüssigen Handgriff ersparen wollte. Es sollte die in Fabriken und Büros so erfolgreichen Grundsätze arbeitssparender und wirtschaftlicher Betriebsführung auch in die Wohnung tragen, denn jede Frau müsse die Rückständigkeit bisheriger Haushaltsführung empfinden und darin die schwerste Hemmung eigener Entwicklung und somit auch der Entwicklung ihrer Familie erkennen.

Der Preis der Rationalisierung war hoch, besonders im Städtebaulichen. In seiner ersten großen Frankfurter Siedlung, der Römerstadt, ließ May die Zeilen noch so schwingen, daß sie außen der Topographie des Niddatals folgen und nach innen prägnante Straßenräume bilden konnten. In der letzten, vor allem von Ferdinand Kramer verantworteten Siedlung, Westhausen, regiert hingegen rigider Zeilenbau, der sich aus Kostengründen dem Weg des Baukrans anpaßte, der damals nur das Geradeaus kannte. Die Organisation der Baustelle bestimmte das Projekt, nicht umgekehrt. Auch in anderen Städten setzte sich diese Art von Siedlungsbau durch. Sie sparte nicht nur Kosten, sondern schien auch gerecht, lieferte sie doch, rational und egalitär, allen Bewohnern zur selben Zeit das gleiche Maß an Licht und Luft.

Allerdings waren auch im Lager der Moderne nicht alle zufrieden. Als Walter Gropius 1929 für die Karlsruher Werkbundsiedlung am Dammerstock den städtebaulichen Rahmen fixierte (Abb. 18), kam es zum Eklat. Adolf Behne, der wichtigste deutsche Architekturkritiker der Zeit, monierte in der Zeitschrift des Werkbundes das Eindimensionale solcher Planung. Er sah einen neuen Formalismus entstehen, der sich weniger in den Formen zeige als in der Denkweise. Der Mensch werde zum abstrakten Wohnwesen: «Er hat gegen Osten zu Bett zu gehen, gegen Westen zu essen und Mutters Brief zu beantworten, und die Wohnung wird so organisiert, daß er es faktisch gar nicht anders tun kann, und über all den gutgemeinten Architektenvorschriften mag er am Ende stöhnen: Hilfe, ich muß wohnen.» Die Methode des Dammerstock sei eine diktatorische. Indem solcher Städtebau das Leben spezialistisch verenge, verfehle er auch das Wohnen.

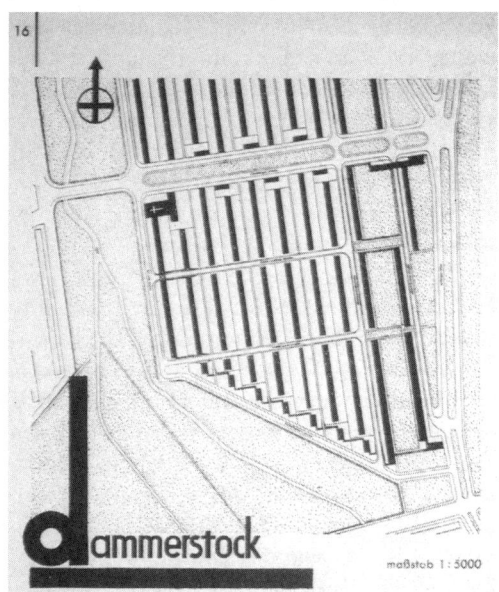

18 Walter Gropius,
Siedlung Dammer-
stock, Karlsruhe,
1929

«International Style»

«Eine durch Weltverkehr und Welttechnik bedingte Einheitlichkeit des modernen Baugepräges über die natürlichen Grenzen hinaus, an die Völker und Individuen gebunden bleiben, bricht sich in allen Kulturländern Bahn», so Walter Gropius in einem Bildband *Internationale Architektur* von 1927. Etwas salopper hatte es ein Jahr zuvor sein Nachfolger als Direktor des Bauhauses, Hannes Meyer, formuliert: In der neuen Welt sprenge das Automobil die Stadtkerne und verwische die Grenze von Stadt und Land, das Flugzeug vergrößere die Distanz zur Erde und mißachte die Landesgrenzen; die Begriffe von Raum und Zeit erweiterten sich maßlos, Radio und Telefon erlösten aus völkischer Abgeschiedenheit zur Weltgemeinschaft, die Psychoanalyse sprenge das allzu enge Gebäude der Seele. Ludwig Hilberseimer, auch er damals am Bauhaus, proklamierte 1928 eine *Internationale neue Baukunst,* der keine Stilprobleme zugrunde lägen, sondern Bauprobleme, und illustrierte seine Einleitung mit einem Foto der Weißenhofsiedlung (vgl. Abb. 12), an der 1927 Architekten aus sechs Ländern teilgenommen hatten. Dazu Hilberseimer: Die Übereinstimmung der äußeren Erscheinungsform sei keine modische Formangelegenheit, sondern elementarer Ausdruck einer neuen Baugesinnung. Zwar würde die äußere Erscheinungsform vielfach differenziert durch örtliche und nationale Besonderheiten und durch die Person des Gestalters, im ganzen aber sei sie das Produkt gleicher Voraussetzungen.

Solche Argumentationen bekamen zum Ende der zwanziger Jahre hin zunehmend etwas Defensives, denn die Angriffe auf das Neue Bauen waren besonders in Deutschland auch Thema der Politik geworden. Um sich vom Vorwurf der Willkür, aber auch des Kulturbolschewistischen und rassisch Fremden zu befreien, betonte man das Zwangsläufige und Übernationale. Für Differenzierungen blieb da bald ebensowenig Raum wie für die beginnende Selbstkritik Bruno Tauts, der 1929 Heerschau hielt über *Die neue Baukunst in Europa und Amerika* und eindringlich mahnte: Um der modernen Forderung, den Zweck voll erfüllen zu können und nicht einem nüchternen Utilitäts- und Rentabilitätswahn amerikanischer Prägung zu verfallen, bedürfe es des Taktes. Nachdem Rationalisieren und Industrialisieren offizielles Dogma der modernen Architektur geworden seien, verstehe sich der Architekt nicht selten als Überingenieur oder Übertechniker, der vergesse, daß es auch durchaus fachliche, in gewissem Grade wissenschaftliche Gründe dafür gebe, von der Wohnlichkeit eines Raumes oder der Gemütlichkeit einer Wohnung zu sprechen. Auch Alvar Aalto, der solche Überlegungen in den dreißiger Jahren weiterspann, blieb lange allein, wenn er sich über einen intelligenteren, weil sensibleren Funktionalismus den Kopf zerbrach, der technische, psychische und ästhetische Elemente zu verbinden wüßte.

1932 eröffnete das Museum of Modern Art in New York seine erste Architekturausstellung *Modern Architecture, An International Exhibition.* Etwa vierzig Architekten aus fünfzehn Ländern waren vertreten, alle mit ausgeführten Bauten, nicht mit Entwürfen. Das Begleitbuch *The International Style* sollte für gut ein Menschenalter das Bild von der neuen Architektur prägen. Die Helden hießen Le Corbusier, Mies van der Rohe, Johan Jacobus Pieter Oud (Abb. 19) oder Walter Gropius. Indirekt höchst wirksam waren aber auch die Absenzen: Nicht nur fehlte mit Wright eines der Jahrhundertgenies, es fehlte auch alles Expressionistische, alles Experimentelle, alles irgendwie Organische. So gut wie nichts war aus der Sowjetunion zu sehen, aber auch Namen wie Adolf Loos, Rudolph Schindler, Bruno Taut oder Johan Duiker, die schon damals für eine nicht-orthodoxe Moderne standen, sucht man vergeblich. Die Architektur der Vorkriegszeit, also auch die von Wagner, Berlage oder Behrens, verfiel vollständig der Damnatio memoriae: Die unkontrollierten und wechselhaften Architekturentwicklungen des 19. Jahrhunderts und die verworrenen und widersprüchlichen Versuche zu Beginn des 20. Jahrhunderts seien nun von einer gerichteten Entwicklung abgelöst worden. Es gebe jetzt eine einheitliche Ord-

19   Johan Jacobus Oud, Wohnhäuser, Stuttgart–Weißenhof, 1927

nung, gefestigt genug, um den zeitgenössischen neuen Stil in seiner Existenz zu sichern, und elastisch genug, um individuelle In-
terpretationen zu erlauben und deren weitere Entwicklung zu
ermutigen.

Die Effizienz solcher Selbstdarstellung hatte aber auch ihre
Kehrseite, denn die derart purgierte Moderne schnitt sich nicht
nur von ihren eigenen Wurzeln ab, sondern auch von originären
Möglichkeiten, die weiterzuentwickeln gelohnt hätte. Davon
freilich war 1932 noch wenig zu hören. Zu groß war die Faszi-
nation durch eine neue Welt des Aufbruchs, wie vor allem der
Bildteil des begleitenden Buches *The International Style* sugge-
rierte, der facettenreicher war als der Text. Die Bilder wiederum
waren ärmer als die Bauten, weil den Schwarzweißfotos die
Farbe fehlte, die in den Bildunterschriften zwar sporadisch er-
wähnt ist, für die Wahrnehmung aber unwirksam bleiben
mußte. Die *Weiße Moderne*, von der später so oft die kritische
Rede sein sollte, existierte nur in den Fotos, nicht in den Bauten der zwanziger Jahre. So wesensfremd schien aber bald die
Farbe, eine Jugendsünde gewissermaßen, daß fast alle Bauten

nachträglich so weiß gestrichen wurden, wie die Fotos der zwanziger Jahre sie darstellen, und zwei Generationen später bedurfte es schon archäologischer Anstrengungen, die Farbe rekonstruierend in die Bauten und Stadträume der klassischen Moderne zurückzuholen.

Die Bilder sind bei einer Ausstellungspublikation die wichtigsten Argumente. So auch hier. Wie bereits in Stuttgart sieht man überall flache Dächer, kubische Bauten, teils geschlossen, teils geöffnet. Man gibt sich offen nach außen und in den Grundrissen flexibel, Asymmetrien haben die Achsen abgelöst, Schrägen sind die Ausnahme, es geht meist gerade zu, in der Höhe wie in der Breite und in der Tiefe. So gut wie nichts ist rund, Holz und Backstein muß man suchen, Glas und Metall bestimmen das Bild, und leichte Stützen sowie membranhafte Wände betonen die Zugehörigkeit dieses Bauens zur modernen Welt. Es gab, so die zukunftsfrohe Verheißung, eine gemeinsame Sprache mit einer gemeinsamen Grammatik, einer gemeinsamen Syntax und einem gemeinsamen Vokabular, aber auch mit individuellen Sprechweisen: «Wir verfügen wie die alten Ägypter oder die Chinesen, wie die klassischen Griechen und unsere eigenen Vorfahren im Mittelalter über einen Stil.» Ungeachtet der Verschiedenheit der Konstruktionen und Funktionen besitze dieser Stil eine eigene Ästhetik, die sich fortentwickeln werde wie die moderne Technik. Sie sei bei bescheidensten Bauten genauso anzutreffen wie bei großartigen: «Diejenigen, die die Architektur schon totgesagt hatten, ob aus einer unerfüllten Sehnsucht heraus, die Vergangenheit fortleben zu lassen, oder aus der Angst, in eine alles ändernde Zukunft zu stürzen, waren vorschnell: Wir haben doch eine Architektur.»

Die Moderne in Not

Der Wirklichkeit lief solche Emphase allerdings weit voraus. Daß die Avantgarde der zwanziger Jahre einmal internationaler Alltag werden würde, war 1932 mehr trotzige Hoffnung als begründete Erwartung, denn in so wichtigen Ländern wie Deutschland und der Sowjetunion war sie bereits in heftiger Bedrängnis, und Italien sollte bald folgen. Der Historismus hatte in Europa den Ersten Weltkrieg nicht überlebt. In Deutschland etwa dominierte der konservative Flügel des im Grundsatz immer noch der Reform verpflichteten Werkbundes. Fritz Schumacher, Hans Poelzig, Peter Behrens oder Theodor Fischer hatten einflußreiche Positionen inne, und gegen 1930 zeigte sich zum Beispiel in den späteren Hamburger Siedlungen der Ära Schumacher auch im Gebauten eine Annäherung zwischen Konservativen und Modernen. Dem aber stand die Politik entgegen. In Deutschland wurden einem Joseph Goebbels zwar private Sympathien für das Neue Bauen nachgesagt, aber das half wenig, als er das propagandistische Potential der Attacken auf Kulturbolschewismus (Ernst May, der «Lenin des deutschen Bauens») und Judentum in der neuen Architektur erkannte. Die Politik war es, die die Verfechter des Alten in die Rolle der Angreifer brachte – eine historisch neue Situation. Selbst eigentlich Besonnene wurden vom Furor ergriffen. Paul Schmitthenner, der Erbauer schöner konservativer, aber nicht reaktionärer Wohnhäuser und als Haupt der Stuttgarter Schule einer der einflußreichsten Architekturlehrer in Deutschland, benutzte 1932 in seinem Buch über deutschen Hausbau Goethes Gartenhaus, um auf die Moderne einzuprügeln, für die Hans Scharoun den Kopf hinhalten mußte. Von Goethes Haus zur Wohnmaschine am Weißenhof (vgl. Abb. 12 vorn rechts) klaffe ein Abgrund, der unüberbrückbar sei. Es handele sich nicht um eine Modefrage, sondern um eine Menschheitsfrage. Auf der einen Seite rechnender Verstand, Maschine, Masse, Kollektivismus; auf der anderen Seite Gefühl, blutwarmes Leben, Mensch, Persönlichkeit: «Weltkrieg und Revolution und nicht zuletzt die Mächte der Technik haben uns unendlich viel zerstört und geraubt. Wir Deutsche sollten uns nicht des letzten selbst berauben, des Glaubens an eine Sendung des deutschen Volkes, und diese beginnt beim deutschen Menschen in seinem Kampf um die deutsche Kultur.»

Im Herbst 1933 richtete der Bund deutscher Architekten eine Grußadresse an den Führer: «Wir verehren in Dir neben dem weitschauenden Politiker vor allem den künstlerischen Menschen, der dem neugeschaffenen Hause des deutschen Volkes eine würdige Erscheinung nach außen und ein gemütvolles reinliches Inneres geben wird.» «Reinlich» war es zum Teil in Deutschland damals schon, denn Architekten wie Erich Mendelsohn, Bruno Taut oder Ernst May waren, gezwungenermaßen, nicht mehr im Lande. Andere wie Walter Gropius, Mies van der Rohe oder Martin Wagner sollten folgen. Allerdings nicht ohne vorher versucht zu haben, mit den neuen Herren ihren Frieden zu machen. Adolf Hitler verweigerte jedoch den Handschlag. Unter dem Vorzeichen der Sachlichkeit, so erklärte er seinen Getreuen 1937 in Nürnberg, sei Baukunst degradiert worden, die Bauten der Gemeinschaft seien immer mehr zusammengeschrumpft gegenüber den Bauten bürgerlicher Kapital- und Interessengemeinschaften. Nun aber komme eine große monumentale Betonung der Gemeinschaft als Ausdruck neuer Autorität. Ganz so monolith wie in den Führerreden ist die Architektur des «Dritten Reiches» aber dann doch nicht ausgefallen. Hitlers persönliche Neigung galt den Münchner Bauten von Paul Troost und den Berliner Bauten und Planungen von Albert Speer. Ihnen folgten auch in der Provinz die Bauten für Partei und Staat. Vor allem aber war Architektur ein Instrument. Nicht das Aussehen ist deshalb das Spezifische, sondern die Funktion im nationalsozialistischen Zusammenhang. Wo es opportun erschien, gab es auch Bauten im Heimatstil, und selbst die Moderne fand im Industriebau eine Nische. Auch die Konkurrenz der Subzentren der Macht um die ideologische Führung spielte eine Rolle. So 1933 bei dem Versuch, durch eine Ausstellung Italien als Vorbild ins Spiel zu bringen, wo selbst nach einem Jahrzehnt faschistischer Herrschaft die Moderne noch in Blüte stand, aber da setzte sich Alfred Rosenberg gegen Goebbels durch.

Der Faschismus, so hieß es in Italien, sei das Neue, die Zukunft, und deshalb brauche er auch eine junge, zukunftsgerichtete Architektur. Ihr Glanzstück – ein Parteihaus, die *Casa del Fascio* in Como (Abb. 20) – von 1932/36 ist ein Meisterwerk der Moderne, aber zugleich das Werk eines glühenden Faschisten, Giuseppe Terragni. Man kann auch im 20. Jahrhundert von Formen allein nicht ohne weiteres auf politische Gehalte schließen, denn selbst in den wenigen Demokratien wie den Vereinigten Staaten entstanden noch während der dreißiger Jahre Bauten wie die *National Gallery* in Washington, die aussehen, als hätte das 20. Jahrhundert noch nicht einmal begonnen. Daß Faschismus sich architektonisch auch ganz anders ausdrücken konnte als bei Terragni, zeigt wiederum Italien. Dem Florentiner Bahnhof oder den Bauten für Olivetti stehen die Werke derer gegenüber, die, geschart um Marcello Piacentini, das Imperium Romanum wiederherstellen wollten und dafür eine vermeintlich zeitlose imperiale Baukunst propagierten. Beispiele dafür kann man im Zentrum von Brescia, in den neuen

20 Giuseppe Terragni, Casa del Fascio, Como, 1932–1936

Städten der pontinischen Sümpfe, aber auch in zahllosen Bahnhöfen und Postämtern kennenlernen. Besondere Prominenz erlangten die römische Universität und das zwischen Rom und dem Meer gelegene EUR-Viertel, das für die Weltausstellung 1942 bestimmt war. Frei von allem historistischen Dekor, wollte man zurück zum Kern der römischen Architektur, der Monumentalität ihrer Rohbauten, nur verkleidet durch Travertin. Mussolini hatte sich die Entscheidung lange offengehalten, aber nach dem Abessinienkrieg 1935/36, dem ersten Schritt zum neuen mittelmeerischen Imperium, galt nur noch diese Architektur.

Der Faschismus konnte zumindest in Italien zeitweise auch ein modernes Gesicht zeigen, der Stalinismus nicht. Nirgends ist das Alte so brutal als Waffe gegen das Neue eingesetzt worden. Und das im Namen des Sozialismus, dem die meisten der Protagonisten der sowjetischen Moderne mit so viel Leidenschaft anhingen. Eine völlig neuartige Gesellschaft, so ihr Glauben, suchte nach der Oktoberrevolution architektonischen Ausdruck. Technik und Ästhetik des weiter fortgeschrittenen kapitalistischen Westens könnten dabei eine Hilfe sein, entbänden aber nicht von der Suche nach neuen Gehalten. Außerdem sei die Auftragssituation grundverschieden, habe doch der sowjetische Architekt nicht mehr eine vorgegebene architektonische Aufgabe zu erfüllen, sondern gemeinsam mit der Öffentlichkeit nach einer Gestalt für die neuen Lebensformen zu suchen.

Unmittelbar nach der Revolution waren es vor allem Grenzgänger zwischen bildender Kunst und Architektur, die auf die Bühne sprangen. Wladimir Tatlins Turm für die *Dritte Internationale* war mindestens so sehr Bildwerk wie Beiwerk. In Fortsetzung der Erdachse schräg gestellt, drückte er, so eine zeitgenössische Stimme, «das Dynamische unserer Zeit in einer wundervollen Spirale aus. Zum Material hat er neben dem Eisen, das in modernen Konstruktion schon gebräuchlich ist, das Glas genommen. Das Modell seines Denkmals hat 20 Meter Höhe, der Bau selbst soll über 400 Meter messen (Eiffelturm 300 Meter). Er besteht aus zwei Zylindern und einer Pyramide aus Glas, die sich in verschiedenen Geschwindigkeiten drehen.» Ein Tag, ein Monat bzw. ein Jahr gaben die Geschwindigkeit vor. Überwindung der Schwerkraft war auch sonst ein zentrales Thema in der konstruktivistischen Richtung der sowjetischen Architektur, etwa bei Leonidows Lenin-Institut. Ein zweites war die Technik, wenn El Lissitzky eine Rednertribüne in der Form eines Krans gestaltete (Abb. 21) und sich *Prounen* genannte Wolkenbügel-Hochhäuser mit viele Meter ausgreifenden Aufbauten ausdachte oder wenn die Brüder Wesnin einem Pressehaus die Form eines Förderturms gaben. Andere wie der Kreis um Kasimir Malewitsch, des Malers des schwarzen Quadrats auf weißem Grund, versuchten Prinzipien

21 El Lissitzky
(Atelier),
Lenintribüne,
Entwurf 1924

der abstrakten Malerei für das Bauen fruchtbar zu machen. Wieder andere wie Konstantin Melnikow erprobten sich an der neuen Aufgabe des sozialistischen Klubhauses, indem sie inmitten eines damals bis auf den Kreml und die Kirchen noch weitgehend aus Holz gebauten Moskau die Hörsäle in kühner Betonkonstruktion auskragen ließen. Ausdrucksstärke war ihnen allen wichtiger als unmittelbare Tauglichkeit. Die neue Form sollte ein neues Bewußtsein schaffen und dieses ein neues gesellschaftliches Sein. Sehr marxistisch war das nicht gedacht, und auch deshalb gelang es der jungen sowjetischen Architektur nicht, die neuen Auftraggeber zu überzeugen. Ungeachtet der subjektiv glaubwürdigen sozialistischen Gesinnung ihrer Verfechter, so einer der zentralen Vorwürfe, besorge ihre Architektur objektiv die Geschäfte des Klassenfeindes. Blinde Bewunderung von Technik sei kapitalistisch; wie die linken Utopisten in der Politik suchten sie notwendige Etappen auf dem Weg zum Sozialismus zu überspringen und seien damit objektiv konterrevolutionär; die Abkehr von Monumentalität und Symbolik bedeute die Verleugnung absoluter Schönheit, und außerdem müsse der Sozialismus im Gegensatz zum zerfallenden Kapitalismus die kulturellen Werte der Vergangenheit übernehmen und weiterführen.

Wie von den anderen Künstlern wurden auch von den Architekten Typik, Verständlichkeit, Volkstümlichkeit und Parteilichkeit gefordert. Auf welche Weise dergleichen aber in Architektur umgesetzt werden sollte, blieb im ungewissen. Aufschluß versprach der Wettbewerb für den Sowjetpalast, der dem Kreml gegenüber auf dem Grund der demonstrativ abgerissenen Basiliuskathedrale (inzwischen ebenso demonstrativ rekonstruiert) errichtet werden sollte. Die Beteiligung war groß und prominent, national wie international. Aus Deutschland etwa kamen Einsendungen von Walter Gropius, Erich Mendelsohn, Hans Poelzig und Hannes Meyer. Vorausgegangen war 1927 der Wettbewerb für das Gebäude des Völkerbundes in Genf, den Le Corbusier nur knapp verloren hatte. Er lieferte auch für Moskau den brillantesten Entwurf, den Wettbewerb aber, der sich von 1930 bis 1933 hinzog, gewann Boris Iofan (Abb. 22) mit

22   Boris Iofan, Entwurf für den Sowjetpalast, Moskau, 1931

einem gigantischen, von einer Leninstatue bekrönten Terrassen-
und Säulenbau, der höher werden sollte als der Eiffelturm, jedoch über die Fundamente nicht hinauskam. Realisiert wurden
Projekte wie die Moskauer Metro, mehrere Prachtbauboule-
vards und einige Hochhäuser. Eine Ironie der Geschichte (oder
der Zynismus der Erbauer?) wollte es, daß die Hochhäuser,
für die proletarischen Massen sicherlich nicht erkennbar, ihre
direkten Vorbilder da haben, wo der Kapitalismus am kapita-
listischsten ist, in der New Yorker City und in Downtown Chicago. Man vergleiche die Lomonossow-Universität mit dem
Wrigley Building.

Stadtkonzepte der zwanziger und dreißiger Jahre

1922 wartete der Pariser Herbstsalon mit einem Panorama auf, in dem keine historische Schlacht zu bestaunen war, sondern, so gut wie kommentarlos präsentiert, eine *Cité contemporaine*, eine zeitgenössische Stadt für 3 Millionen Einwohner, gesehen aus der Perspektive des demiurgischen Stadtplaners. Der Erfinder war ein aufstrebender junger Architekt aus dem Schweizer Jura, der sich bald Le Corbusier nennen sollte. Mit Städtebau war er bis dahin nicht hervorgetreten, von nun an aber wurde er für die städtebaulichen Diskurse seines Jahrhunderts zum Mann des Schicksals. Wenige haben das Neue so konsequent gedacht wie er, und wenigen ist deshalb so viel Bewunderung und so viel Haß entgegengeschlagen wie ihm.

Vorschläge für zukünftige Städte hatte es auch vor 1922 schon gegeben. So verschieden sie auch waren – eines hatten sie gemeinsam, die Ablehnung der bestehenden Großstadt. Vor allem den sozial Engagierten galt sie als ein hoffnungsloser Fall, konnte doch selbst der Glanz der neuen Viertel von Paris oder Wien nichts an den katastrophalen Lebensbedingungen der unteren Schichten ändern. Aber auch mit den Dimensionen der neuen Bauten und Stadträume hatten viele Städter Schwierigkeiten. Ihre Bibel wurde Camillo Sittes schmales Buch *Der Städtebau nach seinen künstlerischen Grundsätzen* von 1889. Im Gegenzug zu dem großräumigen Städtebau der Wiener Ringstraße wollte Sitte insbesondere mittels einer differenzierten Gestaltung ihrer Plätze der Stadt wieder den visuellen Reichtum zurückgeben, den er in den mittleren und kleineren Städten der Vergangenheit zu bewundern gelernt hatte.

Le Corbusier, dem in seiner professionellen Adoleszenz solche Anwandlungen auch nicht fremd gewesen waren, hatte später für Sitte nur noch Spott übrig. Etwas schonender war sein Umgang mit Ebenezer Howard, dem Erfinder der Gartenstadt. Der Grundgedanke Howards, von Beruf Parlamentsstenograph, war von bezwingender Schlichtheit: Nicht erst die Revolution werde die Wohnungsfrage lösen (wie Friedrich Engels es gelehrt hatte), sondern eine neue Siedlungsform, die Gartenstadt, die ursprünglich allerdings sehr viel mehr sein wollte als ein Vorort im Grünen. Der ersten Auflage seines Buches gab Howard 1898 den Titel *To-Morrow: A Peaceful Path to Real Reform.* Die Großstadt war ihm nicht einfach Anathema, nicht die Hure Babylon wie für viele Stadtreformer, sondern einer von zwei Magneten, die die Menschen anziehen. Der zweite war das Land. Howard wollte einen dritten hinzufügen, die Gartenstadt, die die Vorteile von Stadt und Land verbinden und die Nachteile beider vermeiden sollte. Ihre jeweils etwa 30 000 Einwohner sollten genossenschaftlich organisiert und wirtschaftlich autark sein. Über die Architektur schwieg Howard sich aus, er hätte sich aber sicherlich auch etwas Großstädterisches vorstellen können als das, was man in der ersten realisierten Gartenstadt, in Letchworth, zu sehen bekommt, wo die breiten Hauptstraßen, die Howards Schema folgen, eigentlich nach einer weniger kleinstädtischen Architektur als der jetzt dort vorhandenen verlangen.

Großstadt in Potenz zeigten dagegen die Skizzen, die der Futurist Antoni Sant'Elia 1914 in Mailand ausgestellt hatte. Die Inspiration kam nicht aus Paris, sondern aus der Neuen Welt. Zum ersten Mal wurde der motorisierte Verkehr zum Lebenselixier der Stadt, das zeitgenössische New York das Vorbild. Besonders die Verdichtung und Verschränkung der Verkehrssysteme faszinierte, nach außen gelegte gläserne Fahrstühle sollten auch die Bewegung innerhalb der Hochhäuser optisch in die Stadt hinaustragen. Futuristische Architektur sei «Architektur der Berechnung, der verwegenen Kühnheit und der Einfachheit, die Architektur des Eisenbetons, des Glases, des Kartons, der Textilfaser – kurz, aller jener Ersatzstoffe für Holz, Stein und Ziegel, die höchste Elastizität und Leichtigkeit ermöglichen.» Grundrisse zeigte Sant'Elia nicht, weder für die Stadt noch für deren dichtgedrängte Bauten, von denen wie im wildwüchsigen New York keiner aussah wie der andere.

23   Tony Garnier, Cité industrielle, Bahnhof, 1917

Der einzige seiner Vorgänger, den Le Corbusier einer positiven Erwähnung für würdig befand, war Tony Garnier, der 1917 mit bis ins Detail durchgearbeiteten Plänen für eine *Cité industrielle* an die Öffentlichkeit gegangen war (Abb. 23). Es ist eine sozialistisch geprägte Reformstadt mediterranen Aussehens, in der das Privateigentum am Boden aufgehoben ist. Sie braucht keine Kirche mehr, kein Schloß, kein Gefängnis, keine Kaserne und keine Behörden, wohl aber Volkshäuser, Thermen, Lungenheilstätten, Bibliotheken, Museen und Verkehrsbauten. Dies alles, programmatisch, in modernem Eisenbeton. Die Inschriften folgen nicht der Tradition, sondern zitieren aus einem Roman von Émile Zola, *Le Travail*. Für jedes der in dieser Agora neuer Art versammelten öffentlichen Gebäude suchte Garnier eine spezifisch moderne Form.

Le Corbusiers *Cité contemporaine* ist in vielem ein Gegenentwurf zu Garnier. Nicht 30 000 Menschen wie bei Garnier versprach er zu versorgen, sondern das Hundertfache, etwa so viele, wie damals in Paris lebten. Der Grundriß ist zweiachsig symmetrisch und bleibt damit eher konventionell. Die eigent-

liche Sensation ist das Stadtzentrum, das Le Corbusier mit vier-
undzwanzig gläsernen Wolkenkratzern bestreitet, von denen jeder zehn- bis fünfzigtausend Angestellte aufnehmen sollte. In
Europa war dergleichen unbekannt, und auch in Amerika gab
es nirgends eine Hochhausstadt von vergleichbarer Uniformität
und so großen Freiräumen, daß nicht nur der Schnellverkehr,
sondern auch Licht und Luft Teil der Stadt werden konnten. Ihr
Mittelpunkt ist der Bahnhof mit einem Landeplatz für Lufttaxis.
Garniers Bemühungen um eine differenzierte neue Monumentalität hat Le Corbusier als obsolet beiseite gewischt, überall re-
gieren rigoroser Zentralismus und ein einziger Bautyp, das Büro-
hochhaus – der prophetische städtebauliche Vorgriff auf eine
durch und durch verwaltete Welt. Wie sich dergleichen auf ihre
Stadt auswirken würde, erfuhren die Pariser 1925 aus dem *Plan
Voisin* (Abb. 24). Opfer von Le Corbusiers urbanistischer Groß-
chirurgie waren die Viertel Marais, Archives und Temple nord-
östlich des Louvre, der auf dem Foto unten zu sehen ist und mit
seinen ja auch nicht eben bescheidenen Dimensionen eine Vorstellung von dem gibt, was der Stadt erspart blieb. In seiner Pro-

24 Le Corbusier, Plan Voisin, Paris, Modell, 1925

grammschrift *Urbanisme* vom selben Jahr stellte Le Corbusier seine Leser vor die Wahl zwischen dem Weg des Esels und dem des Menschen. Der Esel trödele vor sich hin, zerstreut und gedankenlos, während der Mensch aufrecht gehe und ein Ziel habe. Alle bisherigen Städte, ob London, Istanbul oder Paris, folgten dem Weg des Esels. Nun aber überall Öffnung und Geometrie. Das alte Paris würde verschwinden und der Verkehr endlich freie Bahn bekommen. Genaueres Hinsehen zeigt jedoch schnell, daß keine der vorgesehenen Straßen mit ihren 80 bis 120 Meter Breite sich wirklich in das bestehende Straßennetz integriert hätte. Jedes der achtzehn Hochhäuser hätte schon allein den Hof des Louvre gefüllt. Ein gänzlich neuer, selbst den ältesten Monumentalbauten nicht mehr kommensurabler Maßstab hätte sich die Stadt unterjocht. Le Corbusier aber focht das nicht an, er sah sich als Wohltäter und in der Tradition der Pariser Großbauten von Ludwig XIV. bis zum Eiffelturm. Die bisher am Boden kriechende Stadt richte sich plötzlich auf, «wobei das ganze Gewimmel, das bisher wie ausgetrockneter Schorf am Boden hängen bleibt, entfernt, abgekratzt und durch reine Glaskristalle ersetzt wird, die sich, an ihrem Fuß von jungem Laub umspielt, in großen Abständen voneinander bis zu einer Höhe von 200 Meter erheben.»

1929 reiste Le Corbusier zu einer Vortragsreise nach Rio de Janeiro, Buenos Aires und Montevideo. Während seine europäische Urbanistik dort die Auditorien begeisterte, gerieten ihre Grundlagen für ihn selbst in Bewegung, denn der aus Paris mitgebrachte Anspruch auf Allgemeingültigkeit bekam in Südamerika erhebliche Risse. Auslöser war das Entzücken über die Küste beim Flug über Rio de Janeiro. Von dort aus habe er die Landschaft, diesen bewegten und komplexen Körper, verstanden, sei in Herz und Seele der Stadt eingedrungen und habe einen Teil ihres Schicksals begriffen. Die Stadt fordere einen menschlichen Beitrag zu ihrer Schönheit. Und so überkam den Gast das Verlangen, «eine Partie zu zweien zu spielen, eine Partie Sich-behauptender-Mensch gegen Da-seiende-Natur». Das Ergebnis: eine geschwungene Autobahn etwa auf halber Höhe der Bucht. Von den beiden Dominanten seiner Pariser Urbanistik, Geometrie und Verkehr, hatte die Geometrie ausgedient, der Verkehr bekam einen neuen Partner, die Landschaft. Zugleich, und das ist der zweite Clou dieses Plans, wird damit auch das Problem des Wohnens gelöst, denn unter die Autobahn werden mehrgeschossige Wohnblöcke gehängt.

Aus den südamerikanischen Geistesblitzen wurden in Algier konkrete Planungen, die Le Corbusier von 1930 an mehr als ein Jahrzehnt lang beschäftigten. In der ersten Phase sollte nach dem Muster von Rio eine kilometerlange Straße auf halber Höhe über die Altstadt hinweg die Hügel der Küste miteinander verbinden. Über dem riesigen *Fort L'Empereur* hätten sich mehrere gegeneinander geschwungene Teilstücke zu einem gigantischen Verkehrsornament vereinigt, wobei Herkunft und Ziel des Verkehrs und seiner Bahnen nicht zu erkennen sind, er ist Selbstzweck geworden. Sieben Projekte hat Le Corbusier für Algier erarbeitet, und dabei kamen ihm die Großformen mehr und mehr abhanden. Am Schluß kehrte er wieder zu einzeln stehenden Hochhäusern zurück. Aber nicht mehr auf die beliebig vermehrbaren Serienprodukte der *Cité contemporaine,* denn nun war jedes in Form und Ausdruck ein Individuum, wobei die Sonnenbrecher, auf deren Erfindung er sehr stolz war, nicht nur der Hitze trotzen, sondern auch jedem Bau eine unverwechselbare Gestalt geben sollten. Le Corbusiers umfangreichstes Buch zum Städtebau erschien 1935. Schon der Titel ist Programm: *La Ville radieuse,* die leuchtende, die strahlende Stadt. Im Zentrum stehen die Entwürfe für Afrika und Amerika und die Revision der *Cité contemporaine,* besonders die ihrer Wohngebiete. Die Macht der Geometrie schwindet auch hier, vielfältigen Einzelfunktionen wird Platz geschaffen, vor allem aber wird der zentralisierende Renaissancegrundriß aufgegeben zugunsten der Bandstadt.

1935 trat Frank Lloyd Wright mit einem urbanistischen Konzept an die Öffentlichkeit, in dem Technikglaube und Großstadtfeindschaft ein bis heute irritierendes Bündnis eingehen. *Broadacre City* ist nicht nur ein Gegenprojekt zu Corbusier, sondern ein Gegenprojekt zur Stadt überhaupt. Bevölkert ist diese «City» vor allem von Gerätschaften des Individualverkehrs zu

Lande und in der Luft, Gebilden wie von einem anderen Stern. Damals als Zukunftsvision gemeint, wirkt *Broadacre City* heute wie die Szenerie eines alt gewordenen Science-fiction-Films. Wrights neue «Stadt» ist eine hochtechnisierte Landschaft, obwohl sie eigentlich eine Alternative zu Industrialisierung und Kapitalismus bieten wollte. Die Idee der amerikanischen Demokratie war das Ideal, jeder Amerikaner sollte als freier Mann auf eigenem Grund und Boden, mindestens eine Quadratmeile groß, siedeln dürfen. Der ideale Ort von *Broadacre City* ist *Usonien*, das utopische Amerika der sozialen Träume von Frank Lloyd Wright. Dieses Amerika ist ein ländliches, was aber in einem Land, in dem es keine Dörfer gibt, eigentlich Vorstadt oder Zwischenstadt bedeutet. Nicht Rancher siedeln hier, sondern Angestellte. *Broadacre City* bedeutet den Sieg von Suburbia über die Stadt. Eine Mitte fehlt ebenso wie feste Grenzen. Seiner inneren Logik nach kann *Broadacre City* wie ein Teppich das ganze Land überziehen und antizipiert insofern eine Entwicklung, die in den Ballungsgebieten der Vereinigten Staaten heute bereits Wirklichkeit ist und immer mehr von dem *Usonien* verschlingt, das Frank Lloyd Wright einst vorgeschwebt hatte.

«Organisches Bauen»

Frank Lloyd Wright, 1867 geboren, schien längst ein Mann für die Geschichtsbücher zu sein, als ihm Mitte der dreißiger Jahre mit drei architektonischen Paukenschlägen eine spektakuläre Rückkehr gelang: dem Verwaltungsgebäude für *Johnson Wax* in Racine, Wisconsin, dem Landhaus *Fallingwater* in Pennsylvania (Abb. 25) und dem Winterquartier für sich, seine Familie und seine Schüler in *Taliesin West*, Arizona. Daneben fand er Zeit für eine umfangreiche publizistische Tätigkeit, die um die Begriffe *organisch* und *demokratisch* kreiste.

In seinem Gesellschaftsbild höchst konservativ, war Wright als Architekt auch im Alter von exponierter Modernität. Bei

25   Frank Lloyd Wright, Haus Fallingwater, Mill Run, Pennsylvania, 1939

Johnson Wax waren die Stützen des Großraumbüros sieben
Meter hoch und mit ihrer Pilzform eine Erinnerung an Natürliches, zugleich aber auch ein extremes technisches Wagnis, das
bei der öffentlichen Belastungsprobe sogar nationale Wochen-
schauen nach Racine zog. Das Spektakuläre und sichtlich Insze-
nierte hat Wright auch bei seinen anderen Werken gesucht. *Fallingwater*, das Sommerhaus für einen Kaufhausmagnaten, feiert
die Natur nicht weniger als den architektonischen Umgang mit
ihr. Die Grundidee hatte sich angeblich im Laufe eines einzigen
Tages entwickelt. Die weit über den Wasserfall auskragenden
Terrassen reizen die Möglichkeiten des Stahlbetons bis zum Extrem und steigern kontrapunktisch auch die Wirkung der Na-

tur. Die Collage höchst unterschiedlicher Elemente – vom Stahlbeton bis zu Fels, Wald und Wasser – ist kein Naturphänomen, sondern ein Kunstgriff, der ohne die bildnerischen Experimente der Klassischen Moderne nicht zu denken wäre. Alle späten Werke von Frank Lloyd Wright sind Unikate, ganz besonders aber *Taliesin West*. Ein Wüstenlager aus den Steinen und Materialien der Umgebung mit einem Grundriß, dessen Achsenüberschneidungen an die Ritzzeichnungen früher indianischer Kulturen erinnern, und einem modernen Stoffzelt als Dach, ist die Anlage ein eigentlich hybrides Gebilde, das die besonderen geographischen und klimatischen Bedingungen seines Ortes zelebriert und dabei auch noch zu einem frühen Meisterwerk ökologischen Bauens geriet.

Die kulturellen Verbindungen zwischen Europa und Amerika waren während des Zweiten Weltkrieges abgerissen, und auch nach dem Kriege gelangten nur wenige über den Atlantik. Einer, ein junger italienischer Architekt, Bruno Zevi, kam als Missionar zurück. Sein Idol war Frank Lloyd Wright, seine Botschaft organische Architektur. *Verso un' architettura organica* hieß 1945 seine Antwort auf Le Corbusiers *Vers une architecture* von 1923. Ebenfalls 1945 gründete Zevi in Rom die *Associazione per l'architettura organica*: Der Ursprung der modernen Architektur liege im Funktionalismus, den es zu einer organischen Architektur weiterzuentwickeln gelte. Diese, die Antithese zur monumentalen Architektur, sei gleichermaßen eine soziale wie eine technische und eine künstlerische Aktivität mit dem Ziel, das Klima für eine neue demokratische Zivilisation zu schaffen.

Das Bemühen um eine naturnahe Architektur hat auch die europäische Avantgarde beschäftigt, wobei schon vor dem Ersten Weltkrieg ein Antoni Gaudí ganz andere Wege eingeschlagen hatte als ein Henry van de Velde, der von den Möbeln als Organen des Hauses sprach und davon, daß ein Gebäude durch das Zusammenspiel der Funktionen der einzelnen Organe zu beleben sei. «Organisch» erwies sich dabei immer wieder als ein breites begriffliches Dach, unter dem Verschiedenstes Unterschlupf finden konnte. Es kann bloß modisches Schlagwort sein, aber auch Auslöser für die Tiefenschürfungen Hugo Härings, dem es um «Bauen» zu tun war, nicht um «Architektur», um den Prozeß mehr als um das Ergebnis. Häring legte großen Wert darauf, daß er nicht von «organisch» sprach, sondern von «organhaft». Als er 1925 über «Wege zur Form» nachdachte, wählte er als Widerpart Le Corbusier, dessen säkulare Bedeutung er als einer der ersten erkannt hatte. Die neue Haltung entnehme «die planfiguren, die wir unserem schöpferischen gestalten zugrunde legen, nicht mehr der welt der geometrie, sondern der welt der organhaften formungen, weil wir die einsicht gewonnen haben, daß der weg des gestaltenden, aufbauenden, schöpferischen lebens nur derselbe sein kann, den die natur geht.» Der von Le Corbusier eingeschlagene Weg hingegen sei ein Irrweg, denn wer die Dinge auf geometrische Grundformen zurückführe, tue ihnen Gewalt an. Geometrische Grundfiguren seien keine Urformen, sondern Abstraktionen, abgeleitete Gesetzhaftigkeiten. Van de Veldesche Ideen leben auf: «Wir suchen nunmehr unsere ansprüche an den ausdruck nicht mehr der zweckerfüllung der dinge gegengerichtet zu behaupten, sondern suchen sie ihr gleichgerichtet auf den weg zu bringen. Wir suchen unsere ansprüche an ausdruck in richtung des lebendigen, in richtung des werdens, in richtung des bewegten, in richtung einer naturhaften gestaltung geltend zu machen, denn der gestaltungsweg zur form der zweckerfüllung ist auch der gestaltungsweg der natur. Wollen wir formfindung, nicht zwangsform, gestaltfindung, nicht gestaltgebung, so befinden wir uns damit im einklange mit der natur, indem wir nicht mehr gegen sie handeln, sondern in ihr.»

Härings wenige Bauten konnten sein Programm nur teilweise einlösen. Dies gelang erst im Werk seines Freundes Hans Scharoun, aber auch da nur schrittweise. Bei Scharoun ist zu lernen, daß organhaftes Bauen nicht zwingend an einen bestimmten Stil gebunden sein muß. Bis zum *Haus Schminke* in Löbau, das 1933 fertig wurde (Abb. 26), bediente sich Scharoun des Vokabulars der klassischen Moderne, dann aber öffnete er sich, angestoßen wohl durch den politischen Druck auf das Neue Bauen, auch anderen Formen und Materialien. In und bei Berlin

26 Hans Scharoun, Haus Schminke, Löbau, 1930–1933

entstanden in den dreißiger Jahren einige Häuser, bei denen es
Scharoun gelang, nicht nur von innen nach außen zu bauen,
sondern auch von außen nach innen, allerdings nur auf der Gar-
tenseite und zur Landschaft hin, der Straße kehrten diese Häuser den Rücken zu. Die Grundrisse haben einen Kern, von dem
sie fächerförmig ausgreifen, wobei sie möglichst viel von den
Besonderheiten der Topographie, besonders der Ausblicke, in
das Haus hineinholen und gleichzeitig den Teilfunktionen innen
ihren Platz zuweisen. Ähnliche Prinzipien hat Scharoun nach
dem Krieg auch auf öffentliche Bauten wie Schulen und Theater
übertragen. Für Darmstadt entwarf er 1951 eine Reformschule,

deren Elemente er konzeptionell auseinanderlegte, um sie dann
wieder so zusammenzuschieben, daß eine kleine Stadt entstand:
«Die Gestalt der Schule will organhaft das Wesen des Schul-
lebens spiegeln. Deshalb kann unser Ordnungsgefüge nicht ad-
ditiven Prinzips sein. Die Reihung auch noch so gut technisch-
funktionell gelöster Einzelräume genügt nicht. Es sind vielmehr
die Schulteile Glieder eines Ganzen, und sie wirken zusammen
wie Organe im Organismus und Organismen in der Ganzheit
zusammenwirken.» Im westfälischen Lünen konnte Scharoun
eine Schule dieser Art auch bauen, während die Realisierung
seines Entwurfs für das Staatstheater Kassel (Abb. 27) durch
eine Provinzintrige verhindert wurde. Die im Theaterbau her-
kömmliche Monumentalität wollte Scharoun in Kassel mit
einem Bauwerk konterkarieren, bei dem das Innere mit seinen
vielfältigen ineinandergreifenden Funktionen organisiert war
wie eine gewachsene Stadt mit ihren Wegen und Plätzen, während der Außenbau dem Stadtzentrum entgegenkam und mit
seiner hügeligen Dachlandschaft den Dialog mit den Höhen des
Kaufinger Waldes suchte.

27   Hans Scharoun, Staatstheater Kassel, Modell, 1953–1955

Mit Ökologie hat *organisches Bauen* in aller Regel nichts zu tun. Man baut in der Natur, auch in Analogie zu ihr, aber man baut nicht mit der Natur, und ganz selbstverständlich bleibt auch beim *organischen Bauen* die Erde dem bauenden Menschen untertan. Dies gilt selbst für den Finnen Alvar Aalto, dessen Denken und Bauen immer neu das Problemfeld eines humanen, naturbezogenen Funktionalismus in den Blick nahm. Den Gegensatz traditionell-modern wollte er ersetzt wissen durch eine Dreierkonstellation aus Tradition, Moderne und dem, was er Rationalismus nannte. Die Schlachten zwischen Alt und Neu seien geschlagen, beide seien zusammengerückt und bildeten nun, in den dreißiger Jahren, eine machtvolle Phalanx gegen die realistisch-rationale Art, Kunst und Leben zu betrachten. Entstanden sei ein angenehmer Mischmasch von verchromten Röhren, Glasplatten, kubischen Formen und erstaunlichen Farben. Obwohl man alles nur Mögliche getan habe, der neuen Architektur ein frohes und humanes Aussehen zu geben, bleibe doch ein schaler Geschmack; es fällt das Wort (im Original deutsch) der «Gleichgestaltung». Einfache Ursache-Wirkung-Relationen, selbst die Materialien, unterlägen ständiger Veränderung, Standardisierung sei eines der größten Hindernisse für die Entfaltung der innersten Qualitäten von Architektur. Aalto, 1898 geboren, war jünger als die «Heroen» der ersten Generation, deren Arbeit er bewunderte. Nun aber seien Probleme des Psychologischen und des Humanitären zu lösen, die einen Funktionalismus verlangten, der sehr viel weiter angelegt sei als der technische. Aaltos Ausgangspunkt war die Physiologie. Er sah den Menschen nicht nur als ein denkendes, sondern vor allem auch als ein mit allen Sinnen fühlendes und erlebendes Wesen. Keine Einzelheit entging seiner Aufmerksamkeit. Bei einem Krankenzimmer etwa sei vom Liegen des Patienten auszugehen, weshalb das Licht nicht von der Decke kommen und diese nicht durch Weiß blenden solle; die Wärme müsse am Fuß des Bettes ankommen und der Strahl im Wasserbecken so gelenkt werden, daß möglichst kein Geräusch entstünde. Auf der Terrasse, auf der Lungenkranke in den zwanziger Jahren über viele Wochen täglich mehrstündige Liegekuren zu absolvieren hatten, sorgte

28   Alvar Aalto, Lungensanatorium, Paimio, 1929–1933

Aalto dafür, daß der Blick nach oben (Abb. 28) nicht auf scharfe
Ecken und Kanten fiel, sondern auf undulierende Rundungen,
die mit den Wolken und der umgebenden Landschaft Kontakt
aufnehmen konnten.

Seine Herkunft aus einem Land am Rande Europas war für
Aalto auch da noch prägend, wo er sich nicht zum Naturbur-
schen aus den heimischen Wäldern stilisierte. Internationalen
Ruhm brachte ihm der finnische Pavillon auf der New Yorker
Weltausstellung 1939, wo er seine Heimat mit einer 16 Meter
hohen gewellten Wand aus Holzstäben feierte, die in einer oberen Fotosequenz das Land zeigte, darunter dessen Menschen
und darunter wiederum deren Arbeit. Davor einige charakteri-
stische Produkte, unter denen auch Stühle von Alvar Aalto waren. An Stühlen, scheinbar einem Problem von eher geringerer
Komplexität, haben sich fast alle Architekten des 20. Jahrhunderts versucht. Aalto hat dieses Thema, das sich für ihn mit
dem des Holzes verband, sein ganzes Leben lang beschäftigt.

Das Holz war für ihn nicht nur ein Material unter vielen, sondern auch ein Medium. Sosehr Aalto alles Predigerhafte fremd war, von alleine entstanden auch seine Formen nicht, und so organisch seine Stühle auch aussehen – ihre Form war nicht das Ergebnis natürlichen Wachstums, sondern gewaltsamer Verformung.

Aaltos 1937/38 für ein mäzenatisch gesinntes Ehepaar errichtetes Landhaus, die *Villa Mareia*, ist nicht zuletzt auch ein Gegenbau zu den Villen von Le Corbusier, ähnlich genug, um den Vergleich herauszufordern, aber auch wieder grundverschieden. Es gibt eine geschlossene Form wie in Poissy, aber an einer Seite offen, mit dem Wald als vierter Wand; es gibt ein großes Dach über dem Eingang wie in Garches, aber nicht als scharfkantige, oben aufgehängte Betonscheibe, sondern als weich gerundetes Holzgebilde auf Stützenbündeln, die aus dem eng am Haus stehenden Wald genommen zu sein scheinen, und innen schließlich gibt es Rundungen und Holz, aber auch Naturstein, Schilf und Backstein im Überfluß. Überall ist Lockeres, Warmes und Weiches zu sehen und zu erleben, ob bei der Schichtung der Bodenhöhen oder bei Details wie den auf Kontakthöhe mit Leder umbundenen Stahlstützen.

Erst nach dem Krieg scheint es zu intensiveren persönlichen Kontakten zwischen Aalto und Scharoun gekommen zu sein, so haben beide in Wolfsburg gebaut. Ihre Architektur aber blieb verschieden. Nicht nur war der Naturbezug bei beiden ein anderer, sondern auch der Formcharakter. Aaltos Hang zu Opulenz bei den Materialien und zur Schmiegsamkeit bei der Verbindung der Teile war Scharoun fremd. Über Treppenwangen aus Industrieblech wie in der Berliner Philharmonie hätte Aalto wohl den Kopf geschüttelt, ebenso über die Scharounsche Achsenphobie, die sich ja primär auch nicht aus dem Streben nach dem Organhaften speiste, sondern aus den Traumata des «Dritten Reiches» und dem unbedingten Willen, eine Architektur zu finden, die für einen nationalsozialistischen Gebrauch nicht tauglich war.

Zwischen 1945 und 1960

Die historischen Zäsuren sind auch in der Architekturgeschichte nicht deckungsgleich mit den kalendarischen. Das 20. Jahrhundert ist hier, was die Historiker ein langes Jahrhundert nennen. Es begann gegen 1890, sein Ende scheint noch ungewiß. Wichtige Einschnitte waren sicherlich der Erste Weltkrieg, die Jahre um 1930 mit der Weltwirtschaftskrise und der Unterdrückung der Moderne und auch der Zweite Weltkrieg, an dessen Ende zwar nicht die Stunde Null stand, von der in Deutschland so oft die Rede war, aber doch eine grundlegend veränderte Situation.

Kontinuierliche Entwicklungen hatte es in Europa nur in den neutralen Ländern wie in Schweden oder in der Schweiz gegeben. Der größte Unterschied zur Vorkriegszeit war die neue Rolle der Vereinigten Staaten. Sie hatten von den Emigranten profitiert, die dort bauten und lehrten, wobei vor allem Walter Gropius von Harvard aus eine breite Wirkung vergönnt war, die er bald auf die ganze westliche Welt ausdehnte. Im beginnenden kalten Krieg wurde auch die Architektur zur Waffe, und erst in der Konfrontation mit dem stalinistischen Osten wuchs der anfangs im Westen keineswegs überall geschätzten Moderne die Qualität des Offenen, Freiheitlichen, Demokratisch-Transparenten zu. Das sollte sich erst ändern, nachdem Nikita Chruschtschow 1954 die Architektur der Stalinzeit als unökonomisch und deshalb unsozialistisch denunzierte und sogar für den geächteten Konstruktivismus freundliche Worte fand. Nun wollte der Osten im Wettbewerb der Systeme den Westen auch architektonisch mit seinen eigenen Waffen schlagen. In Berlin kann man sich den kalten Krieg im Städtebau noch heute anschaulich vor Augen führen. Die ersten Zeilen der Stalinallee knüpften an den Siedlungsbau der zwanziger Jahre an. Sehr zum Ärger der Partei, deren Erster Sekretär, Walter Ulbricht, sogar im Bauhaus den Klassenfeind am Werke sah. 1951 forderte das

Neue Deutschland von den Architekten tätige Reue, und zwar innerhalb einer Woche. Ein neuer Stil – «sozialistisch im Inhalt und national in der Form» – wurde geboren, der in den langen Fronten der Stalinallee seine Verwirklichung fand. Der Westen antwortete 1957 mit der Internationalen Bauausstellung im Hansaviertel: individuell, international, aufgelockert, freier Westen eben. Der Ernst-Reuter-Platz sekundierte, aber der Osten zog mit dem Alexanderplatz nach. Und von dort bis zum Strausberger Platz entstand ein moderner Städtebau, dessen Qualität auch im Westen gute Figur gemacht hätte.

Der Siegeszug der Moderne schien unaufhaltsam, im Osten wie im Westen, in der ersten wie in der dritten Welt. Was einst Avantgarde gewesen war, wurde nun schnell zum Alltag. Mit dem Sieg kamen aber auch die Probleme, denn Architektur und Städtebau konnten in der Praxis meist nicht halten, was die Manifeste einst versprochen hatten. Von den kreativen Außenseitern, die es auch in den fünfziger Jahren gab, wußten nur Eingeweihte. Von Bruce Goff etwa, der in Oklahoma einige Aspekte von Wright radikalisierte und mit seinem *Basinger House* schon vor der Zeit ein phantasievolles Beispiel alternativen Bauens aus Abfällen des Industriezeitalters realisierte. Oder von Ray und Charles Eames, die Wege fanden, die Brücke von Mies zum alternativen Bauen zu schlagen. Oder von Hassan Fathys *Architecture for the Poor*, die den ägyptischen Fellachen helfen sollte, aus eigener Kraft ihre traditionelle Lehmarchitektur zurückzugewinnen. Oder von dem jungen Alvaro Siza, der in Portugal an einer regionalen Moderne arbeitete. Oder von dem Venezianer Carlo Scarpa, dessen exploratives Design sich auf neue Weise der Geschichte näherte.

Die größte Wirkung in der Nachkriegszeit hatten die Bauten von Mies van der Rohe und Le Corbusier. Gropius hatte sich auf seine Lehrtätigkeit konzentriert und sich als Entwerfer in eine Architektenkooperative zurückgezogen, deren Hervorbringungen mit dem Faguswerk oder seinen Dessauer Bauten nicht mehr vergleichbar sind. Frank Lloyd Wright dagegen pflegte in Spätwerken wie dem *Guggenheim Museum* eine gelegentlich fast zwanghafte Originalität, die mehr mit sich selbst beschäftigt schien als mit den Problemen der eigenen Zeit. Blieben Le Corbusier und Mies van der Rohe. Corbusier trat nach dem Krieg mit einer Architektur auf den Plan, die das radikale Gegenteil von allem verfocht, wofür er in den zwanziger Jahren gekämpft hatte. Sehr anders Mies mit seiner im ganzen doch stetigen Entwicklung. 1938 kam er als Direktor der Architekturabteilung des *Illinois Institute of Technology* (IIT) nach Chicago. Er sollte dort nicht nur lehren, sondern auch bauen, und der neue Campus seiner Hochschule wurde nicht nur sein erstes amerikanisches Werk, sondern auch dasjenige, das die Schwerpunkte seiner Arbeit langfristig verschieben sollte. Um Wohnhäuser hat er sich danach kaum noch gekümmert, wohl aber um Hochhäuser und Verwaltungsbauten.

Mies hat sich immer als einen Künstler verstanden, der mit den architektonischen Mitteln seiner Zeit deren Wesen ausdrükken wollte. Zunächst fast auf sich allein gestellt, arbeitete er geradezu obsessiv an einer auf wenige Prinzipien, Typen und Formen gegründeten Architektur von höchster formaler Perfektion. In der Spätzeit haben nicht alle Entwürfe, die sein Büro verließen, den von seinen Meisterwerken genährten Erwartungen Genüge tun können, die Hauptwerke der vierziger und fünfziger Jahre aber waren nicht nur herausragende Einzelbauten, sondern auch Prototypen und Ausdruck einer konsequenten architektonischen Haltung. Mies, der sich gern als objektiver Vollstrecker des Zeitwillens gab, dachte nicht gering von seiner Aufgabe. Das seinen Bauten inhärente Pathos bricht sich gelegentlich auch in seinen Texten Bahn, so am Schluß seiner Antrittsrede in Chicago: «Der lange Weg vom Material über den Zweck zu den Gestaltungen hat nur das eine Ziel: Ordnung zu schaffen in dem heillosen Durcheinander unserer Tage. Wir wollen aber eine Ordnung, die jedem Ding seinen Platz gibt. Und wir wollen jedem Ding das geben, was ihm zukommt seinem Wesen nach.»

Sein neuer Campus für das IIT illustriert dies ganz unmittelbar. Inmitten eines Problemgebietes im südlichen Chicago gelegen, schuf er einen geometrisch organisierten Archipel aus Glas, Backstein und Grün, der eine modern fundierte freie Ordnung

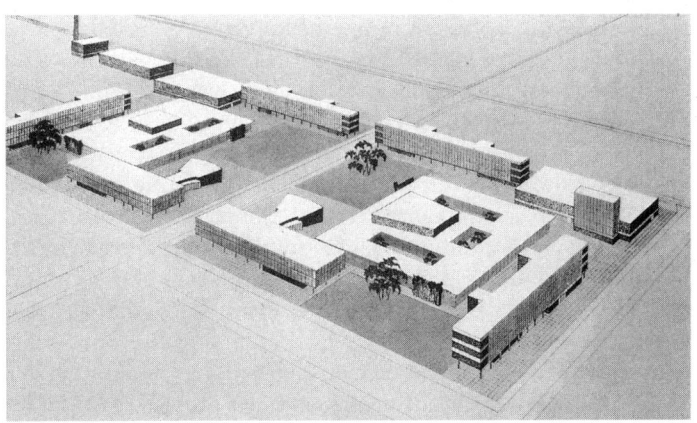

29 Ludwig Mies van der Rohe, Illinois Institute of Technology, Vorentwurf, 1939

in die Stadt zu bringen versprach. Im ersten Entwurf (Abb. 29) waren die Bauten noch nach ihren Funktionen differenziert, in der Schlußfassung sieht ein Gebäude – fast – so aus wie das andere. Halt gibt im Grundriß der Anlage ein modulares Raster. In der Anschauung müssen die Proportionen der Gebäude, aber auch Abstände und Näherungen – in beidem war Mies ein Meister – zusammen mit den Wegen und dem Grün für eine ebenso dynamische wie prekäre Balance sorgen. Den Abschluß bildete aber 1950 die vor den anderen Bauten herausgehobene *Crown Hall*, in der die Architekturabteilung Aufnahme fand. Ihr Ruhmestitel ist der 36 × 67 Meter große und 5,50 Meter hohe stützenfreie Innenraum, eine der ästhetisch vollkommensten Verkörperungen des Miesschen Konzeptes eines *universal space* und damit, so das Versprechen, anders als alle funktionalistischen oder gar organhaften Räume ohne Einschränkung für alle Nutzungen gleichermaßen tauglich. Oder – vielleicht – auch nicht? Denn so wie Scharouns Berliner Philharmonie erst zu sich selbst kommt, wenn sie sich füllt und in ihr konzertiert wird, so kommt die Crown Hall zu sich selbst, wenn sie sich leert und nur noch für sich selbst da sein kann.

Im Unterschied zum ersten Augenschein ist Mies van der Rohes Architektur vor allem in ihren Räumen extrem sensibel, ja empfindlich. Schon die Türen, zu denen bei Crown Hall eine feierliche Treppe hinaufführt, sind eigentlich zuviel. Diese Empfindlichkeit betrifft auch das Verhältnis der Gebäude zu ihrer Umgebung, denn sie alle benötigen erheblichen freien Raum, um ihre Wirkung entfalten zu können. Die Wohnhochhäuser etwa, die ab 1948 am Chicagoer *Lake Shore Drive* entstanden, brauchen nicht nur ihren Bauplatz, sondern auch den Michigan See vor sich und das Licht oder auch den Nebel über sich und zwischen sich. So gefährdet sind die Harmonien, daß sich die Bewohner vertraglich verpflichten müssen, nur die vom Architekten ausgewählten Gardinen zu benutzen. Die Gestaltung der 26 Stockwerke beruht auf dem Raster des Stahlskeletts, bildet dieses aber nicht einfach ab, denn die Träger, die dem Bau Gliederung und Profil geben, sind nachträglich von außen angeschweißt und damit nicht weniger Applik als die Pilaster eines Renaissancepalastes.

Daß Reduktion Opulenz nicht ausschließen muß, lernt man am *Seagram Building*, 375 Park Avenue, New York, das wie alle Bauten von Mies kein spartanisches Schwarzweiß bietet, sondern dank des Zusammenwirkens von bronziertem Stahl, dunklem Glas und einem hellen Granitpflaster intensive, wenn auch zurückhaltende Farbigkeit. Den Wirkungsraum an der damals (1954–1958) noch eher locker und ungleichmäßig bebauten Park Avenue mußte sich der Architekt erst selbst verschaffen (Abb. 30). An einer Straße, an der jeder Quadratzentimeter Boden sehr viel Geld bedeutet, verzichtete Seagram darauf, das Baurecht auszureizen. In einer demonstrativen Geste der Großzügigkeit – aber auch des unerschöpflichen Reichtums – und nicht ohne Blick auf die enorme Werbewirkung überließ der Bauherr der Stadt mit dem Vorplatz eine *Plaza*, die mit dem Hochhaus den Sockel teilt und ihm Aufmerksamkeit und Respekt verschafft. Inzwischen hat das Seagram Building wegen der vielen Glashäuser, die ihm folgten, freilich einiges von seiner Aura verloren.

War die Architektur von Mies bei aller subtilen Individualität immer auf den Eindruck von Objektivität gerichtet, so war die

30   Ludwig Mies van der Rohe, Seagram Building, New York, 1954–1958

seines Antipoden Le Corbusier immer eine betont individuelle, nicht nur in der formalen Handschrift, sondern auch in der Auffassung der Aufgabe und im Umgang mit dem Bauplatz und dessen Umgebung. Besonders in seinem späteren Werk, das sich von dem, das ihn in den zwanziger Jahren berühmt gemacht hatte, so fundamental unterscheidet. Wer käme auf die Idee, daß die Villa in Poissy und die Wallfahrtskirche in Ronchamp denselben Architekten haben, wenn wir es nicht wüßten, und wer hätte von Le Corbusier einen Städtebau wie den im indischen Chandigarh erwarten können? Hätte er nicht bauen sollen, ja bauen müssen, wie es zur gleichen Zeit, ebenfalls in einem Land der dritten Welt, seine Gefolgsleute Lucio Costa und Oscar Niemeyer taten, als sie in Brasilia die Moderne in den Urwald trugen? In Chandigarh dagegen erlebt man eine höchst individuelle Auseinandersetzung des Künstlerarchitekten Corbusier mit dem Klima des Landes vor dem Himalaja und überaus individuell geformte Gehäuse für die Institutionen des Staates. Zwar wären die dafür notwendigen Betonschalen vor dem 20. Jahrhundert nicht möglich gewesen, aber die Gestaltung tut alles, die Gegenwart vergessen zu lassen.

Le Corbusiers zögernder Abschied vom Maschinenzeitalter hatte sich in den dreißiger Jahren zunächst an eher marginalen Stellen manifestiert, den Kernbereich des Œuvres erreichten die Veränderungen erst 1947–1952 mit der *Unité d'habitation* in Marseille, bei der selbst das so moderne Material des Eisenbetons in den Dienst einer Baukunst von betont einfachem und elementarem Habitus trat. Von mächtigen Ständern wird diese vertikale Stadt so weit in die Höhe gestemmt, daß der reich ausgeformte Dachgarten die Gebirgszüge hinter der Stadt begrüßen kann. Die *Unité* besteht aus 337 Maisonettewohnungen, kleinen Häusern also, in 23 Variationen. Einmal mehr greifen bei Corbusier soziale und architektonische Imagination ineinander. Das siebte und das achte Stockwerk werden von einer Ladenstraße eingenommen, die die Bewohner mit allem Nötigen versorgen soll. Ein Leben außerhalb der *Unité* ist eigentlich nicht vorgesehen, der Architekt hat schließlich für alles gesorgt.

Während viele jüngere Architekten noch dabei waren, sich mehr oder minder mühsam die Architektur der zwanziger Jahre anzueignen, war Le Corbusier längst anderweitig unterwegs. Als die Wallfahrtskirche in Ronchamp bekannt wurde, die bis heute sein populärstes Werk ist, waren viele geschockt, manche sprachen gar von Fahnenflucht und beschworen die Gefahr eines neuen Irrationalismus. Radikal wie nie zuvor bei ihm wurde das Besondere und Unwiederholbare zum Thema, nicht das

Typische, auch anderswo Wiederkehrende. Über den Grundriß
und damit über die wichtigsten funktionalen Festlegungen war
Le Corbusier schnell mit sich ins reine gekommen, auch die Motive des Daches, der Türme und der Kanzelwand waren bald
gefunden. Um so schwieriger war es dann, diese Motive so aus-
zuformen, daß das am Ort so faszinierende und überzeugende
Zusammenwirken in wechselnden Figurationen möglich wurde.
Dieses aber war notwendig bei einem Bau, der dem Pilger ein
Ziel setzen, auf dem Hügel einen Versammlungsort schaffen
und im Inneren die Umschließung eines Gebetsortes gewähren
wollte. Dieser gibt sich trotz der hochmodern geschwungenen
Betondecke als Stätte einer ursprünglichen Katakombenfröm-
migkeit, die Fenster in die Wände schnitt und sie in einer der
Volkskunst abgesehenen Weise bemalte. Außen hat Le Corbu-
sier Formen und Oberflächen so stilisiert, als wären sie wie die
Architektur ohne Architekten des Mittelmeerraumes auf ein-
fachste, fast ungeschickte Weise errichtet worden.

31   Le Corbusier, Kloster Sainte-Marie de la Tourette, Eveux, 1957–1960

An dem Auftrag für ein Dominikanerkloster in Eveux im Hügelland westlich von Lyon faszinierten Le Corbusier einmal mehr das Soziale, das Zusammenleben im Zeichen von Einfachheit und Armut, und die Herausforderungen durch den Bauplatz, diesmal kein Hügel, sondern ein steiler Hang (Abb. 31). Der Bau ist in der Außenansicht von oben nach unten komponiert, Ausgangspunkt ist der zweigeschossige Zellentrakt, unter den die Gemeinschaftsräume gelegt sind. Anders als die Kirche, die auf dem Boden aufruht, wird das Kloster von Stützen getragen, die den Abhang überbrücken. Bei der Eröffnung im Oktober 1960 konnten die Besucher auch den ingeniösen Kreuzgang bewundern. Kreuzgänge, die dem klosterinternen Verkehr und dem Aufenthalt dienen, sind in der Regel viereckig. Dies verhinderte in Eveux schon der Hang. Le Corbusier führte die über den Boden herausgehobenen Wege in der Mitte kreuzförmig zusammen, wo sie sich in einem eigens erfundenen Raum treffen, der nach außen durch ein schräges Dach hervorgehoben ist. Die Gänge sind an einer Seite bis nach unten verglast. Wer sie benutzt, wird durch den Ausblick immer wieder daran erinnert, daß er sich im Inneren des Klosters befindet. Individueller, orts- und aufgabenspezifischer als das Kloster von Eveux konnte ein Bau kaum sein, aber selbst ihm war die Nachahmung dicht auf den Fersen. Wenige Jahre nach Baubeginn entstand in Boston mitten in der Stadt ein Rathaus, dem der Bezug offenbar so wichtig war, daß man den nicht vorhandenen Hang simulierte.

CIAM in Otterlo

Der quantitative Siegeszug der Moderne war kein Triumphzug, denn nun, wo sie Alltag zu werden begann, traten auch die Defizite zutage, besonders deutlich im Städtebau. Die Begeisterung des Aufbruchs und das bedingungslose Vertrauen in das Neue brachen schnell in sich zusammen, zumal der Moderne das Gegenüber einer kräftig und selbstbewußt auf Tradition gegründeten Architektur abhanden gekommen war. Von den Protesten, die nicht lange auf sich warten ließen, blieben freilich viele an der Oberfläche, weil sie nicht erkannten, daß die Ursachen der Krise nicht in unzulänglichen Antworten lagen, sondern in unzulänglichen Fragen.

Die radikalste Kritik an der Moderne kam oft von Architekten, die die ursprünglichen Impulse besonders ernst nahmen. Eine Zäsur war die achttägige Konferenz der CIAM, zu der sich im September 1959 vierzig Architekten im holländischen Otterlo versammelten. Die *Congrès Internationaux d'Architecture Moderne* (CIAM) waren 1929 gegründet worden. Was die Teilnehmer trieb, waren vor allem diejenigen Probleme im Wohnungs- und im Städtebau, die mit gutem Willen und neuen Formen allein nicht zu lösen waren. Wirtschaftlichkeit im technisch produktiven Sinne sei das Gebot, was nicht den größtmöglichen Ertrag im geschäftlich-spekulativen Sinne bedeute. Rationalisierung und Standardisierung verlangten vom Architekten eine Vereinfachung der Bauvorgänge, vom Bauhandwerk eine Reduktion der vielen Berufe und vom Bauherrn und Bewohner des Hauses eine Klärung seiner Ansprüche im Sinne einer weitgehenden Vereinfachung und Verallgemeinerung. Thema der ersten von mehreren Tagungen war die *Wohnung für das Existenzminimum,* 1930 kümmerte man sich um *rationelle Bebauungsweisen,* und 1931 sollte in Moskau *die funktionelle Stadt* im Mittelpunkt stehen, was jedoch die stalinistische Kulturpolitik verhinderte. Die Tagung wurde 1933 auf einer Schiffsreise von Marseille nach Athen nachgeholt. Spiritus rector war Le Corbusier, dem auch die Schlußredaktion der *Charta von Athen* zufiel, die die Ergebnisse zusammenfassen sollte. Der Text, den eine größere Öffentlichkeit allerdings erst nach dem Kriege kennenlernte, galt lange als der Große Katechismus des modernen Städtebaus, wurde allerdings häufiger zitiert als gelesen. Vor allem die Lehre von den vier Hauptfunktionen Wohnen, Arbeiten, Verkehr und Freizeit und ihrer räumlichen Entflechtung entfaltete bald ein Eigenleben. Nach 1960 wurde die *Charta* dann zu einem der Hauptangeklagten in den intellektuellen Schauprozessen gegen den modernen Städtebau. Daß sie sich auch für ein neues Bodenrecht, für eine teilweise Erhaltung des historischen Erbes sowie die biologischen und psychologischen Bedürfnisse des Menschen engagiert hatte, blieb vergessen.

Nach dem Kriege waren es vor allem junge Architekten wie Alison und Peter Smithson, Jacob Bakema und Aldo van Eyck, die im Rahmen von mehreren Treffen die alltäglich und epigonal werdende moderne Architektur aus ihren konformistischen Verkrustungen zu befreien versuchten. Das zehnte und letzte CIAM-Treffen, das in Otterlo, stieß viele neue Türen auf. Von den Gründungs- und Übervätern, die ja alle 1959 noch aktiv waren, wurde keiner eingeladen. Inspiration und Bestätigung erhoffte man sich vielmehr von Louis Kahn, dessen Ruhm sich bis dahin auf Amerika beschränkt hatte. Ein Charismatiker wie vor ihm nur Le Corbusier, faszinierte er nicht zuletzt durch seine Widersprüche und seinen Hang zum Mystischen, wenn er zum Beispiel Phänomene wie Schweigen und Leere zu wesentlichen Elementen wahrer Architektur erklärte. Von dem landläufigen Trivialfunktionalismus, der das höchst komplexe Thema *form follows function* (was bedeutete *function*, und was, vor allem, bedeutet *follows*?) auf simple Formeln und Gebrauchsanweisungen reduziert hatte, wollte er nichts wissen. Er stellte die Prioritäten, an die die Moderne sich gewöhnt hatte, auf den Kopf und kehrte die Beweislast um: Die Funktionen müßten sich in den vorgegebenen Formen einrichten. Das freilich gab dem Architekten nicht einfach freie Hand, denn Kahn verpflichtete ihn auf die *pre-form*, die er grundsätzlich von der *pre-conceived form* unterschieden wissen wollte: «Der Künstler ist bloß ein Mittler dessen, was immer schon da war. Man kann nichts Gegenwart verleihen, das nicht schon potentiell existiert.» Dies verlangte vom Architekten anzuerkennen, daß jedes Gebäude latent einen spezifischen Existenzwillen, *existence will*, in sich berge, den es zu entdecken und zu entwickeln gelte. Nur aus dem Seinswunsch des Raums könne sich dem Architekten das Unbekannte enthüllen: «Ist das Auditorium eine Stradivari oder ist es ein Ohr, ist das Auditorium ein schöpferisches Instrument, auf Bach oder Bartók gestimmt, gespielt vom Dirigenten, oder ist es ein Versammlungsort? Im Wesen des Raums

32 Louis Kahn, Richards Medical Research Building, Philadelphia, 1957–1961

lebt der Geist und der Wille zu einer bestimmten Art des Seins. Der Entwurf muß diesem Willen genau folgen.» Der Architekt wird zum Priester und Seher, weiter konnte man sich von den Anfängen der CIAM nicht entfernen.

Die Suche nach einer neuen Monumentalität führte Kahn zum Elementaren, Anfänglichen in der Architektur, zu den Nutz- und Rohbauten der Römer, zu den Geschlechtertürmen des Mittelalters oder zu den in Gedanken ihrer Säulen entkleideten Gebäuden des Dombezirks von Pisa. Für elaboriertes Design und Oberflächenfinish hatte er nur Spott, das *Seagram Building* sei eine Dame, eine elegante Dame sogar, aber eine Dame im Korsett, weil es nichts von den elementaren Windkräften ahnen lasse, denen ein Wolkenkratzer ausgesetzt sei. Der Bau, der Kahns Ruhm nach Europa trug und den er auch in Otterlo in den Mittelpunkt stellte, war das *Richards Medical Research Building,* das er 1957–1961 für die University of Pennsylvania errichtete (Abb. 32). Wer hier High-Tech-Architektur erwartete, wurde enttäuscht, denn nicht Stahl und Glas dominieren, sondern der Backstein der Servicetürme, die eher an das von Kahn so geliebte San Gimignano denken lassen. Wie die Wohntürme dort nehmen auch die Türme Kahns unterschiedliche Funktionen auf, die vielen technischen Installationen ebenso wie die Treppen. Sie spielen so die Laborräume frei, in denen die Wissenschaftler ungestört arbeiten und kommunizieren sollen. Es gibt nicht mehr je verschiedene Räume für die einzelnen Aufgaben, sondern nur noch zwei Arten von Räumen, dienende und bediente. Die dienenden Backsteintürme verraten nach außen nichts von ihrem Innenleben, geben dem Bau im ganzen aber eine fast zeitlos wirkende Monumentalität.

Nicht alles, was in Otterlo vorgestellt wurde, war zukunftsweisend. Im Rückblick zeigt sich jedoch, daß sich in den wichtigsten Projekten drei der großen Themen zurückmeldeten, die im Alltag der Moderne verlorengegangen waren, das Verhältnis zur Geschichte, das Verhältnis zur menschlichen Psyche und das Verhältnis zur Natur. Die größte Aufmerksamkeit fand die Geschichte, die geringste die Natur. Ihr hatte sich Ralph Erskine mit seinen Plänen für eine Stadt am Rande der Arktis zugewandt. Die Moderne hatte bei ihrem Planen und Bauen still-schweigend mitteleuropäische oder mediterrane Klimata vor-ausgesetzt. Ihr Anspruch aber war universal. Extreme Bedin-gungen bedeuteten in diesem kategorialen Rahmen deshalb den Einsatz extremer Technologien, um als Vorposten der modernen Zivilisation ein Habitat mit mitteleuropäischen Klimastandards zu schaffen. Selbst Frei Otto hat noch in den sechziger Jahren über große Pneus für die Arktis nachgedacht, die die Siedlungen dort einhüllen könnten. Bei solchem Denken aber, so Ralph Ers-kine, gingen essentielle, diese Weltgegend prägende Erfahrun-gen verloren, der Wechsel der Jahreszeiten etwa und besonders die Erfahrung des nördlichen Sommers. Erskine, der konsequen-tere Funktionalist, fragte, andersherum, wie eine Stadt aussehen

33 Ernesto Rogers
u. a., Torre Velasca,
Mailand,
1954–1958

könnte, die das vorgefundene Klima nicht ausschließt, sondern sich in ihm einrichtet. Dies brachte ihn auf große Schutzwände gegen den Wind und moderne «Höhlen» für das Wohnen, für die er nicht bei den Ingenieuren, sondern bei den Eskimos und sogar bei den Eisbären Anregungen suchte.

Das Ziel von Otterlo war eine modernisierte Moderne, nicht der Ausstieg aus ihr. Besonders der Anspruch auf Allgemeingültigkeit aber geriet in Otterlo so sehr ins Wanken, daß die Diskussionen sehr heftig und, so wird berichtet, auch lautstark werden konnten. Ernesto Rogers vom Büro BBPSR hatte aus Mailand Pläne und Fotos der Torre Velasca (Abb. 33) mitgebracht, die gerade fertig geworden war. Sie ist in der Hauptsache ein Bürohaus, in den abgesetzten oberen Geschossen befinden sich aber auch Wohnungen, der Außenbau ist mit einem rötlichen Stein verkleidet, der an den nur wenige hundert Meter entfernten Mailänder Dom erinnern soll. Die implizierte Polemik gegen das *Seagram Building* konnte niemandem entgehen, der demonstrative Bezug auf den Ort und dessen Geschichte mußte provozieren. Da half auch Rogers' vorbeugende Bemerkung nicht, ihm gehe es beim Bezug von Gegenwart und Tradition nicht um Imitation im Sinne formaler Nachahmung. Peter Smithson attackierte frontal, er warf der *Torre Velasca* unverantwortlichen Individualismus vor, von dem man nichts lernen könne. Sie sei unmoralisch, denn sie sei nicht das Modell einer Methode, sondern die Verkörperung einer formalen Vorstellung. Rogers dagegen insistierte, das Gebäude stehe im Zentrum von Mailand, 500 Meter vom Dom entfernt: «Wir hielten es für erforderlich, daß sich das Gebäude in die Atmosphäre einstimme, ja sogar zur Steigerung dieser Situation beitrage.» Und, grundsätzlicher noch: «Die Pioniere der modernen Architektur vertraten Auffassungen antihistorischer Art, jedoch entstammen diese Auffassungen einer großen Revolutionszeit, die es für geboten halten mußte, daß ihr oberstes Prinzip ein neues Verhältnis zur Tradition gewesen ist. Unsere Zeit hat es nicht mehr nötig, sich diesem Gebot zu unterwerfen.»

Einer der Wortführer in Otterlo war der Holländer Aldo van Eyck. Die größte Wirkung tat sein Kinderhaus in Amsterdam

34 Aldo van Eyck, Kinderhaus, Amsterdam, 1958–1960

(Abb. 34). Am Rande der Stadt, in der Nähe des Stadions und des Flughafens gelegen, sollte es Kinder und Jugendliche aufnehmen, die dort in familienähnlichen Kleingruppen betreut wurden. Die Luftaufnahme zeigt das entwerferische Prinzip, nicht aber den großen Reichtum an Innen-, Binnen- und Freiräumen, die sich zu immer neuen Konstellationen verbinden. Grundelement ist ein vorfabrizierter überkuppelter Raum quadratischen Zuschnitts. Die einzelnen Wohnbereiche werden durch etwas höhere Kuppeln aus Ortbeton markiert. Diese Elemente sind zu einem Gefüge verbunden, das zugleich fest und ergänzungsfähig wirkt, wie ein reichgegliedertes Haus, aber auch wie eine kleine Stadt. Die Stelle, an der sich die einzelnen Elemente befinden, ist nicht beliebig, könnte aber auch eine andere innerhalb des Komplexes sein. Van Eyck wollte die Vorteile der zentralisierten Anordnung mit denen der dezentralisierten vereinigen und damit dem Doppelphänomen des Individuellen und Kollektiven, der Dialektik von Ich und Du, die er bei Martin Buber kennengelernt hatte, einen Platz bereiten. Im Hintergrund stand die Vision einer intensiven Verschränkung von Architektur und Leben, wie Aldo van Eyck sie in den Lehmdörfern des westafrikanischen Stammes der Dogon kennengelernt hatte. Die Dogon in Mali waren geradezu Mode, seitdem sie in den zwanziger Jahren von der künstlerischen Avantgarde entdeckt worden waren. Van Eyck sah vor allem in der inneren Verwandtschaft von Krug und Zimmer, Zimmer und Haus, Haus und Dorf das Exemplum geglückten Lebens in einem geglückten Bauen vor und außerhalb der westlichen Zivilisation.

In den Diskussionen trat er eher als Verteidiger der klassischen Moderne auf, seine eigenen Äußerungen aber führten weit aus deren Denkräumen hinaus. Seine Folgerungen waren radikal und stellten nichts weniger in Frage als die gesamte Geschäftsgrundlage der Moderne: «Architektur ist das ständige Wiederentdecken konstanter menschlicher Verhältnisse und deren Übertragung in den Raum. Der Mensch ist im wesentlichen immer und überall derselbe. Er hat dieselbe mentale Ausstattung, nur gebraucht er sie verschieden, je nach seinen kulturellen und sozialen Voraussetzungen und den verschiedenen Lebenswelten, deren Teil er jeweils ist. Die moderne Architektur hat fortwährend auf dem insistiert, was unsere Zeit unterscheidet, und zwar so sehr, daß sie die Verbindung verloren hat zu dem, was nicht verschieden, sondern im wesentlichen immer gleich ist.»

Postmoderne

Die Disputationen von Otterlo waren Disputationen in einem kleinen elitären Kreis, von denen selbst die weitere Fachöffentlichkeit zunächst kaum etwas erfuhr. Erst im Laufe der sechziger Jahre wurde die Krise der modernen Architektur geradezu ein Modethema, bis in die Massenmedien hinein. Angeklagte waren vor allem die Großsiedlungen und der Städtebau. Streitschriften wie Jane Jacobs' *The Death and Life of Great American Cities* oder Alexander Mitscherlichs *Die Unwirklichkeit un-*

serer Städte, Anstiftung zum Unfrieden von 1965 wurden zu Bestsellern. Die Moderne, gegen die man sich auflehnte, war die quantitativ dominierende, inhaltlich aber verarmte der sechziger Jahre, die oft Welten entfernt war von dem, was die Väter sich einmal vorgenommen und zu einem nennenswerten Teil auch geleistet hatten. Die in den publizistischen Kämpfen der Zeit um 1930 aus taktischen Gründen vollzogenen Frontbegradigungen rächten sich nun. Als 1960 Ulrich Conrads und H. G. Sperlich einen Teil dessen, was auf den Index geraten war, in Erinnerung riefen – die Expressionisten zum Beispiel, aber auch die Konstruktivisten, Utopisten oder Gaudí –, taten sie dies unter dem defensiven Titel *Phantastische Architektur*. Keinesfalls wolle man die 1960 moderne Architektur in Zweifel ziehen oder gar gegen eine andere ausspielen. Das Buch sei einzig eine Reverenz vor der menschlichen Phantasie.

So friedlich blieb es nicht lange, denn schon bald fand vieles nur noch deshalb Beachtung, weil es anders aussah als das Gewohnte, und als Charles Jencks 1977 mit dem aus Soziologie und Literaturwissenschaft entlehnten Begriff der «Postmoderne» dem Ganzen auch noch eine griffige Überschrift gab, schien das Ende der Moderne besiegelt. Colin Rowe, einer der Vordenker der Postmoderne, hatte bereits 1972 eine neue Gruppe vorgestellt, die *New York Five* (auch die *Whites* genannt), zu denen Architekten wie Richard Meier und Peter Eisenman gehörten: Die sozialistische Mission der modernen Architektur habe sich in den Sentimentalitäten und Bürokratien des Wohlfahrtsstaats aufgelöst; die Fusion von Kunst und Technologie, von symbolischer Gestik und funktionalen Erfordernissen sei mißlungen: Der Architekt sei in seiner liebsten Rolle, der als Führer und Befreier der Menschheit, gescheitert. Zu fragen sei vielmehr, ob Gebäude wirklich die Vision einer neuen und besseren Welt enthalten müßten oder nicht einfach ein Produkt der Umstände und des Zeitgeistes seien. Den Verzicht auf so viel schweres moralisches Gepäck empfanden auch diejenigen Architekten als Erleichterung, die zur Formensprache der zwanziger Jahre zurückwollten. Allerdings nur zu deren Vokabular und Syntax, nicht zu ihrer Grammatik. Als Richard Meier in den sechziger

35   Richard Meier, Haus Douglas, Harbor Springs, 1971–1974

Jahren mit weißen Villen debütierte, die wie in einer Fata morgana die klassische Moderne heraufbeschworen (Abb. 35), war deren Aufbruchspathos längst Geschichte. Der Glaube an die Wunder der Technologie, so Richard Meier, sei ebenso gestorben wie der Glaube an den Architekten als Beschaffer umfassender Lösungen; der schreckenerregenden Verantwortung, durch Architektur eine bessere Welt schaffen zu müssen, sei man glücklich entronnen. So werde man frei für eine «Architektur reicher Collagen, komplexer Schichtungen und metaphorischer Bilder». Der locker gefügte Komplex des Frankfurter Museums für Kunsthandwerk, Meiers erster Bau in Europa und sicherlich eines seiner Meisterwerke, zeigt, welch differenzierte, nach innen wie nach außen beziehungsreiche, aber auch fragile Strukturen unter solchen Prämissen möglich wurden. In den Formen des jungen Corbusier entstand eine Baukunst, die nicht zuletzt gegen dessen Spätwerk aufbegehrte. Aber auch die Distanz zu den zwanziger Jahren wird betont. Sie entsteht vor allem durch das allgegenwärtige Weiß, das Meiers Bauten etwas Phantasmagorisches gibt. Durchgängiges Weiß ist – entgegen einem populären Vorurteil – kein Kennzeichen der klassischen Moderne gewesen, denn diese bot zwar große weiße Flächen, setzte das Weiß aber immer als eine von mehreren kräftigen Farben ein.

Die Gegenposition in der amerikanischen Szene hielten die *Greys*. Auch bei ihnen waren das Grand Design und die architektonische Weltformel in schlechten Händen. Architektur, so schockierte Robert Venturi, sei Teil der Alltagswelt oder müsse es wieder werden: *Main Street is almost right*, wobei die Betonung auf *almost* liegt. Um Inspiration und Orientierung zu finden, suchte Venturi Amerika deshalb da auf, wo es am häßlichsten, aber auch am lebendigsten und damit am amerikanischsten zu sein schien, in den Geschäftsstraßen, in *God's own Junk Yard*, wie der damals angesehenste amerikanische Architekturkritiker, Peter Blake, sich gegruselt hatte. Hier fand sich, mißtönend, aber vital die intensive visuelle Kommunikation, die an der als sprachlos und abwehrend empfundenen Architektur der Moderne so schmerzlich vermißt wurde. Schon Venturis erster bedeutender Bau, das Wohnhaus für seine Mutter von 1962, stiftete Unruhe, nicht nur in der Nachbarschaft, sondern auch in der Architekturkritik. Was sollte man auch halten von einem Haus, an dem nichts selbstverständlich ist, weder innen noch außen. Wo Treppen sich einen Weg suchen, ohne immer auch anzukommen, wo außen keine Seite der anderen gleicht, wo sich die Fassaden vom Körper des Hauses lösen, Thermenfenster auftauchen, kleine Fenster mit allzu großen konkurrieren und dem überdimensionierten Spitzgiebel der Hauptfassade genau in der Mitte ein Streifen herausgeschnitten wird.

Das Haus war ein Stück gebaute Architekturtheorie. *Complexity and Contradiction in Architecture* hieß das parallel ge-

schriebene, 1966 gedruckte Buch, das vor dem Hintergrund
einer ganz neu gedeuteten Architekturgeschichte und inspiriert
durch die zeitgenössische Pop-art dem Entwerfer mit der Alltagswelt ein völlig neues und unverbrauchtes Bezugsfeld erschloß. Der Bildersturm machte auch vor den Ikonen nicht halt.
Dem berühmten *Less is more* von Mies van der Rohe setzte
Venturi ein respektloses *Less is a bore* entgegen. In einem behut-
samen Manifest, *a gentle manifesto*, begeistert er sich für alles,
was die Architekturschulen ihren Studenten auszutreiben suchten: «Die Architekten können es sich nicht mehr länger leisten,
durch die puritanisch-moralische Geste der orthodoxen modernen Architektur eingeschüchtert zu werden. Ich ziehe die Haltung, die sich auch vor dem Vermessenen nicht scheut, einem
Kult des ‹Reinen› vor; ich mag eine teilweise kompromißlerische
Architektur mehr als eine puristische, eine verzerrte mehr als
eine stocksteife, eine vieldeutige mehr als eine artikulierte, eine
verrückte genauso wie eine unpersönliche, eine lästig aufdring-
liche genauso wie eine interessante, eine konventionelle noch
mehr als eine angestrengt neue, ... eine in sich widersprüchliche
mehr als eine direkte und klare. Ich ziehe eine vermurkste Le-
bendigkeit einer langweiligen Einheitlichkeit vor. Dementspre-
chend befürworte ich den Widerspruch, vertrete den Vorrang
des Sowohl-als-auch.» Zwischen Funktionen und Formen seien
deshalb komplexere Beziehungen erforderlich als die zwischen
monokausal verstandenen Ursachen und unmittelbar daraus
folgenden Wirkungen. Symbolik und Ornament gehörten ebenso zur Architektur wie Technik und Funktion. Die Sprache der
Moderne sei steril geworden. Ein von idealisierter anonymer Industriearchitektur inspiriertes Formenvokabular habe sich er-
schöpft, ein neues lebendiges und verständliches Vokabular
müsse gefunden werden. Schon 1960/63 hatte Venturi mit dem
Guild House in Philadelphia in dieser Richtung experimentiert.
Das Altersheim der Quäker versuchte auf die umgebende Stadt-
brache zu reagieren, die die Kahlschlagsanierung des Urban Re-
newal hinterlassen hatte, und zugleich die Schwierigkeiten bei
der Suche nach einer neuen Symbolik zu thematisieren: Der
Baukörper gibt sich betont bescheiden, auffällig unauffällig, mit

Ausnahme der Fassade, die den Straßenverlauf aufnimmt und mit so unerwarteten Zeichen aufwartet wie einem Thermenfenster und einer Granittrommel als Mittelsäule im Eingang und einer weithin sichtbaren Schrift. Als Bekrönung diente anfangs mit einer Fernsehantenne ein alltäglicher Gegenstand, aber vergrößert und vergoldet – ganz im Sinne des Sowohl-Als-auch gleichzeitig gewöhnlich und monumental.

Die theoretische Explikation folgte 1972 mit *Learning from Las Vegas*. Das deutsche Äquivalent dazu wäre ein *Lernen vom Oktoberfest*: Was, so fragten Venturi und seine Partnerin Denise Scott Brown, die sich als *non-heroic moderns* verstehen, macht Las Vegas so erfolgreich, und: Wer hat in einer demokratischen Gesellschaft eigentlich das Recht, der Mehrheit seinen Geschmack aufzuzwingen? Unterstützung kam von der Soziologie (Herbert Gans) und ihrer Lehre von den drei Geschmackskulturen des *highbrow*, des *middlebrow* und des *lowbrow*. Die ästhetische Entsprechung zu gesellschaftlicher Toleranz war stilistischer Pluralismus. Es gelte formale Vokabularien zu entwikkeln, die für die Menschen relevanter seien als die kartesianischen Ordnungen der modernen Architektur und offener für die lebendige Unordentlichkeit städtischen Lebens. Eine den Menschen zugänglichere Architektur, so die Botschaft, könnte Las Vegas zwar nicht kopieren, aber doch lernen, aus dem Autismus heraus- und zur Kommunikation zurückzufinden.

Ob sich Venturis spätere Architektur solchen Ansprüchen wirklich gewachsen zeigt, bleibt fraglich. Wie bei anderen Protagonisten der sechziger Jahre, Richard Meier oder Aldo Rossi zum Beispiel, scheinen die in unmittelbarer Auseinandersetzung mit den Vätern geschaffenen frühen Bauten die stärkeren zu sein. Für James Stirling allerdings, der eine dritte Facette der Postmoderne verkörpert, gilt dies nur bedingt. Als einer der ersten hat er in Spätwerken Le Corbusiers wie den *Jaoul*-Häusern in Paris oder der Kirche von Ronchamp nicht nur Krisensymptome oder Extravaganzen eines alternden Genies gesehen. Der entscheidende Schritt zu einer explizit postmodernen Architektur kam mit dem Ingenieurgebäude der Universität in Leicester (1959–1963), das zum Teil – Stirling läßt dies in der Schwebe –

36 James Stirling, Staatsgalerie Stuttgart, 1977–1984

auch eine Hommage ist. Zumindest Kenner werden in den vor-
springenden Hörsälen die Verbeugung vor Konstantin Melni-
kows Moskauer Volkshaus goutieren, und ihnen war auch das
Auto nicht unbekannt, das für das Foto reaktiviert wurde, ist es
doch ein Verweis auf das Auto, das Le Corbusier in den zwanziger Jahren gern als Vordergrund benutzte – damals ein Signal
für Modernität, nun aber eines für Nostalgie. Der Bezug ist
ebenso deutlich wie die Distanz.

Eines der wichtigsten Gebäude Stirlings, vielleicht sein Meisterwerk, die Erweiterung der Stuttgarter Staatsgalerie, entstand
1977–1983 (Abb. 36). Museen waren in der Bundesrepublik
damals die architektonisch wichtigste Bauaufgabe. In der Konkurrenz der Städte fanden Künstlerarchitekten wie Hans Hollein, Richard Meier oder Oswald Matthias Ungers die produktive Herausforderung, sowohl der auszustellenden Kunst wie
auch der Kunst der Architektur zu neuer Geltung zu verhelfen.
Höhepunkt dieser Welle war die Parade der Neubauten am
Frankfurter Museumsufer, die meisten Besucher gab es jedoch

in Stuttgart, obwohl der Widerstand gegen das Neue nirgends so heftig war wie dort. Vor allem die heimischen Architekten gingen auf die Barrikaden, nachdem im Wettbewerb selbst Günter Behnisch mit seinen Verbündeten dem Engländer unterlegen war. Sie hätten Stuttgart einen transparenten, «demokratischen» Bau beschert. In Stirlings Projekt dagegen sah man brutale Monumentalität, die Wiederkehr des Faschismus, das Ende der Moderne, dazu noch Unernst, Hollywood. Stirling habe den Boden unter den Füßen verloren. In den historischen Bezügen seines Entwurfs erkannte man nur das Sakrileg. Etwa in den drei Flügeln, die denen des Altbaus antworten, oder, ganz besonders, in der Rotunde, die unverkennbar einen der Gründungsbauten der Museumsarchitektur, Schinkels *Altes Museum* in Berlin zitiert, transformiert und auch etwas persifliert. Die Nonchalance, ja Chuzpe, mit der Stirling auf der Klaviatur der Assoziationen und Erinnerungen spielt, mußte provozieren, und alle Dämme scheinen zu brechen, wenn aus dem Berliner Allerheiligsten für die Kunst ein offener Hof ohne Pantheonskuppel wird, um den sich auch noch eine Fußgängerverbindung zwischen zwei Straßen nach oben windet, die städtischen Alltag mitten ins Museum zieht – und das Museum in die Stadt. Auch die Seitenhiebe auf die Moderne stimmten nicht versöhnlicher, wobei die intellektuelle Qualität der Scherze nicht immer die sublimste ist. Jeder Stuttgarter verstand das vergröbernde Zitat des Corbusier-Hauses in der Weißenhofsiedlung an der Rückseite des Museums. Die Anspielungen auf das *Centre Pompidou* bei der Entlüftung oder auf den Manierismus bei den herausgebrochenen Steinen an der Außenwand der Garage waren dagegen eher etwas für Fortgeschrittene. Nicht alle diese Einfälle haben ihre Frische bewahren können. Als kraftvoll und robust aber hat sich die städtebauliche Collage an der Eingangsseite erwiesen, die ein Stück Stadtlandschaft entstehen ließ, das auch etwas von der ortsspezifischen Stadtzerstörung durch die Stadtautobahn thematisiert, die das Stuttgarter Museum vom Zentrum abschnürt.

Partizipation versus Autonomie

Die Moderne, gegen die die Postmoderne aufstand, war nicht die ganze Moderne, sondern zu nicht geringen Teilen ein Konstrukt, das den Alltag der sechziger Jahre verabsolutierte. Die Kritik kam von zwei Seiten. Die Architektur habe vergessen, daß sie im Kern autonome Kunst sei, beklagten die einen. Ganz falsch, entgegneten die anderen, in der gegenwärtigen Architektur stecke noch viel zuviel Kunst. Nicht auf den Architekten komme es an, sondern auf die Nutzer, die «Betroffenen», und diese seien deshalb zu beteiligen. Hans Hollein forderte 1962 gar eine *absolute Architektur*: Architektur sei nicht Befriedigung der Bedürfnisse der Mittelmäßigen, sei nicht Umgebung für kleinliches Glück der Massen. Architektur werde gemacht von denen, die auf der höchsten Stufe der Kultur und Zivilisation, an der Spitze der Entwicklung ihrer Epoche stünden. Architektur sei eine Sache der Eliten, ein Bauwerk entwickele sich nicht aus den Bedingungen eines Zwecks und solle auch nicht seine Benutzungsart zeigen. Ein Bauwerk sei nicht Expression von Struktur und Konstruktion und auch nicht Umhüllung oder Zuflucht, ein Bauwerk sei es selbst.

Die Forderung nach Partizipation war historisch etwas Neues, die Forderung nach Autonomie hingegen hätte sich auf so große Namen wie Frank Lloyd Wright, Le Corbusier oder auch Mies van der Rohe berufen können. Die beiden Extreme begegnen sich in der Opposition zur damaligen Gegenwart – *Oppositions* hieß, nicht zufällig, die intelligenteste Architekturzeitschrift der siebziger Jahre. Betonten die einen das Entwerfen und das am Ende stehende Artefakt, so dachten die anderen vom Gebrauch her. Sie wollte den Nutzer zum eigentlichen Herren des Verfahrens machen, der den anderen eher als Störenfried galt. Peter Eisenman, der seine Häuser numerierte wie Beethoven seine Symphonien, trieb die Provokation auf die Spitze, als

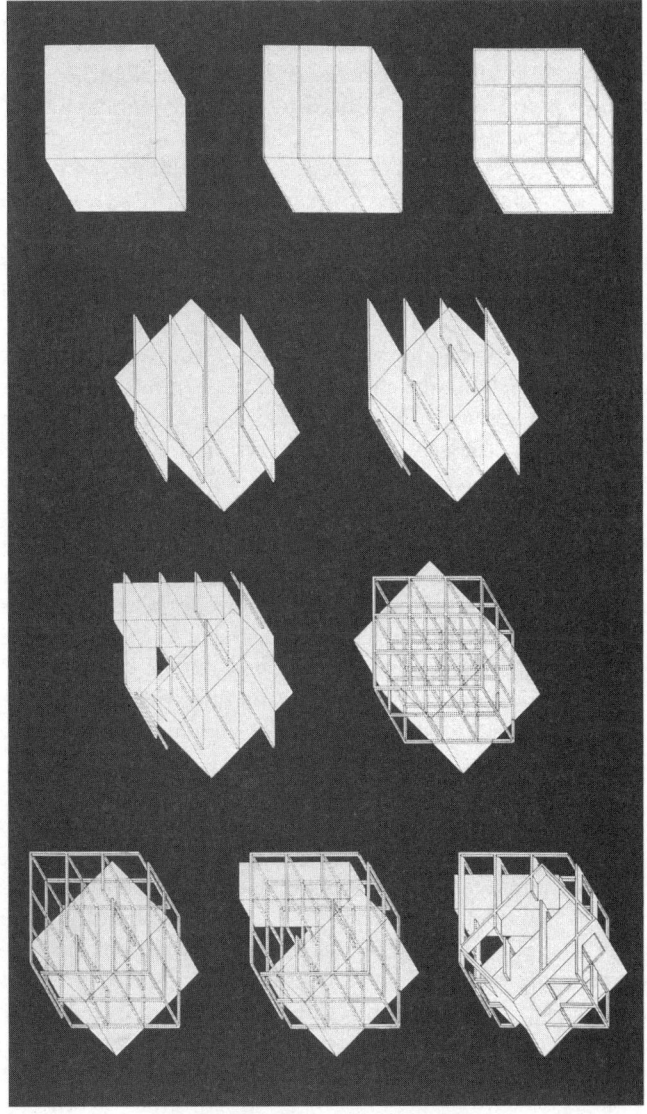

37   Peter Eisenman, Haus III, Entwürfe, 1969/71

er in einem Bert Brecht und Adolf Loos gewidmeten Kommentar zu Haus III (Abb. 37) anmerkte, wenn der Benutzer zum ersten Male sein Haus betrete, sei er ein Eindringling. Er müsse anfangen, den fremdartigen Behälter in Besitz zu nehmen, und dabei würden die Einheit und Vollendung der architektonischen Struktur zerstört. Eisenmans Häuser sind Resultate von entwerferischen Exerzitien, die erkennbaren Regeln folgen, die allerdings ebenso eine subjektive Setzung des Architekten sind wie Spielfeld und Spielmaterial. Transformationen und Dekompositionen sind, so Eisenman, die Kennzeichen seiner Architekturgrammatik. Bei Haus III wurde erst vertikal geschnitten, dann horizontal, dann gedreht. Vor der völligen Auflösung des Kubus wurde der Prozeß dann angehalten und der Entwurf zur Ausführung freigegeben. Das Entwurfsverfahren ist dem Ergebnis freilich nicht mehr anzusehen – was sich in der Darstellung gesetzmäßig gibt, wird in der Realität als Willkür erfahren.

Daß Architektur sich auf sich selbst besinnen müsse, verlangte auch Oswald Matthias Ungers. Die Architektur sei immer als eine Funktion von etwas anderem behandelt worden, besonders im 20. Jahrhundert, und habe dabei ihre Sprache und Eigenständigkeit verloren. Anfangs war solchem Aufbegehren auch Gesellschaftskritik beigemischt. So 1960 in dem Manifest «Zu einer neuen Architektur» (gemeinsam mit Reinhard Gieselmann): Folge man den Methoden der technisch funktionellen Architektur, so ergäben sich Unförmigkeit und Einförmigkeit, Architektur verliere ihren Ausdruck, so daß Wohnblöcke wie Schulen, Schulen wie Verwaltungsgebäude und Verwaltungsgebäude wie Fabriken aussähen. Die so entstehende Architektur sei Ausdruck einer materialistischen Gesellschaftsordnung, deren Prinzipien das Primat der Technik und Gleichmachung seien. An die Stelle der lebendigen Auseinandersetzung des einzelnen mit seiner Umwelt trete die geistige Versklavung durch die Diktatur der Methodik. Innerhalb einer freiheitlichen Ordnung materialistische Methoden anzuwenden sei gewissenlos und zeuge von Verantwortungslosigkeit oder Dummheit. Wahre Architektur hingegen sei «vitales Eindringen in eine vielschichtige, geheimnisvolle, gewachsene und geprägte Umwelt. Ihr schöpferischer Auftrag ist Sichtbarmachung der Aufgabe, Einordnung in das Vorhandene, Akzentsetzung und Überhöhung des Ortes. Sie ist immer wieder Erkennen des Genius loci, aus dem sie erwächst.» Ein Beispiel solcher Architektur war Ungers selbst 1958/59 mit dem eigenen Haus auf einem Eckgrundstück in Köln-Müngersdorf gelungen, in dem sich enge und weite, hohe und niedrige, geschlossene und offene Räume abwechseln. Das reiche Innenleben, zu dem auch raffiniert verschränkte Gartenhöfe, Zimmer, Treppen und Terrassen gehören, wird durch einen kompakten Außenbau geschützt. Dieser nimmt das spitze Dach des anschließenden Durchschnittshauses ebenso auf wie alle anderen in dieser Vorstadt geltenden einschränkenden Vorschriften. Dank seiner formalen Konzentration aber und dank des dort ungewohnten Materials – rote Klinker und Sichtbeton – bildet er in der Akzentlosigkeit seiner dichtbebauten Umgebung ein architektonisches Kraftzentrum, bei dem die Fügung der Innenräume außen als Komposition kubischer Teilkörper spürbar wird. Der Anbau im Garten, der Jahrzehnte später die Bibliothek des Architekten aufnahm, zeigt im Kontrast ein vollkommen rechtwinkliges Gesicht, hier führt das Quadrat ein strenges Regiment.

Geometrie, aber eine komplexere, spielte bei Ungers bereits in den sechziger Jahren eine Rolle, aber nicht als unveränderbarer Endzustand, sondern als Element und Movens morphologischer Prozesse. Der Wettbewerbsbeitrag für ein Studentenheim im holländischen Enschede (Abb. 38) unterwarf Kreis, Quadrat und Dreieck vielfachen kompositorischen Verfahren. Ungers selbst spricht von Brechung, Beugung, Teilung, Umkehrung, Verdoppelung, Spiegelung, Reihung, Wiederholung oder Überlagerung. Die dabei entstehenden Raumformen sollten der Vielfalt der Lebensformen gerecht werden und außerdem helfen, das Grundmodell einer Stadt zu finden, in der nicht Chaos herrscht, sondern komplementäres Zusammenwirken des individuellen und des kollektiven Lebens.

Die späteren Bauten von Ungers lassen eine vergleichbare Komplexität vermissen, und auch seine Theorie wurde zwar zunehmend konsequenter, aber auch zunehmend enger. Immer

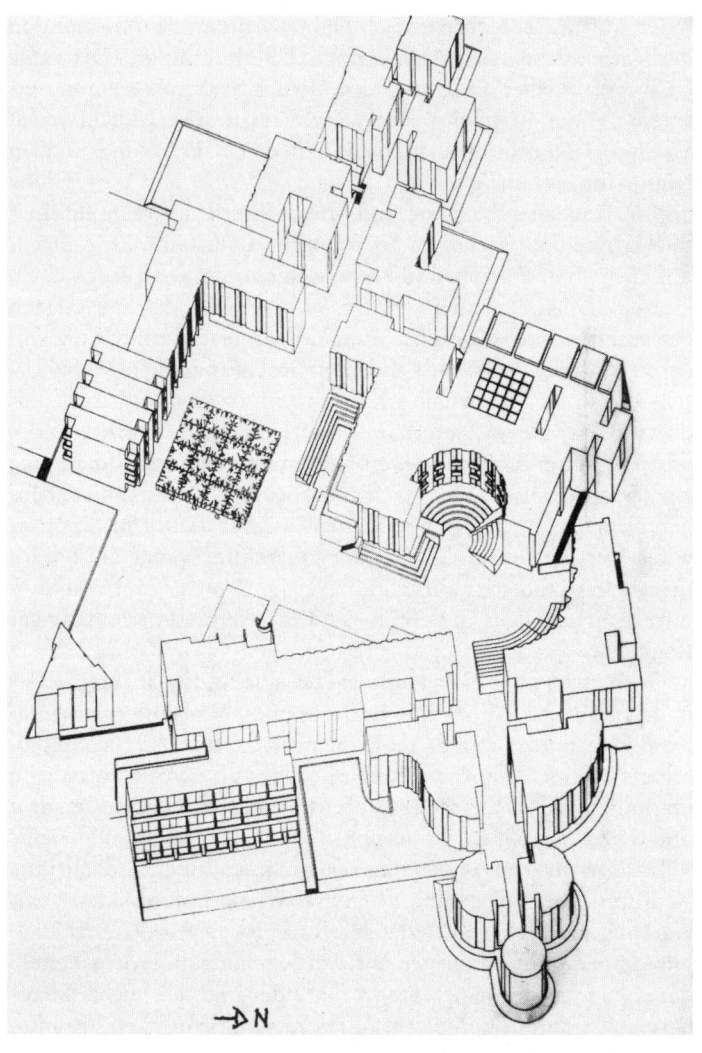

38   Oswald Matthias Ungers, Studentenheim Enschede, Entwurf, 1963–1964

heftiger trat er gegen jede Art von Funktionalismus auf den Plan, und immer unnachgiebiger bestand er auf der Autonomie der Architektur: «Das Thema und der Inhalt der Architektur kann nur die Architektur selbst sein. So wie die Malerei sich ihrer eigenen Sprache und Poesie bedient, um Vorstellungen auszudrücken, oder wie die Musik sich in Tonkompositionen darstellt, so besteht auch für die Architektur nicht nur die Möglichkeit, sondern auch die Notwendigkeit, Ideen mit der Sprache der Architektur als Raumkompositionen sichtbar und erlebbar werden zu lassen.» Eine Handreichung, wie dies geschehen könnte, gab Ungers 1982 in der Studie *Thematisierung in der Architektur*. Aus einer im Prinzip unendlichen Zahl von Themen werden fünf herausgegriffen: das *Thema der Transformation oder die Morphologie der Gestalt*; das *Thema der Assemblage oder der Zusammenfall der Gegensätze*; das *Thema der Inkorporation, oder die Puppe in der Puppe*; das *Thema der Assimilation oder der Einpassung an den Genius loci* und schließlich das *Thema der Imagination oder die Welt als Vorstellung*.

Unter den Bewunderern des frühen Ungers war auch der junge Aldo Rossi. Auch er wollte die Architektur wieder zu sich selbst bringen, nur suchte er seinen Weg nicht über Transformationen, sondern über Archetypisches. Die geometrischen Grundformen, auf die er dabei stieß, verbanden sich für ihn, anders als für Le Corbusier, nicht mit der modernen Technik, sondern mit den melancholisch verfremdeten Stadtbildern Giorgio de Chiricos. Ihre eigentliche Realität haben Rossis architektonische Meditationen in der Imagination, nicht auf der Baustelle. Die Ausführung, so es überhaupt dazu kam, war oft nur eine Zwischenstation, denn Rossi hat auch bereits fertiggestellte Bauten entwerferisch weiter bearbeitet, wobei sich dann ein über 100 Meter langes Bauwerk wie der Wohnblock in Mailand-Gallaratese auch einmal als Nachbar von Krügen in Stilleben wiederfinden kann, die denen des Giorgio Morandi nachempfunden sind. Der ideale Ort für die spröde, fast scheue Architektur der frühen Entwürfe sind die nebligen Stadtränder in den Filmen der italienischen Neorealisten der Nachkriegszeit. Sie

durchkreuzen schon durch ihre schiere Existenz jeden faschisti-
schen Triumphalismus, dessen sich Rossi auch bei Großbauten
wie dem Friedhof *San Cataldo* in Modena (Abb. 39) zu erweh-
ren suchte. Die Eingangssituation erinnert an zwei Paradebau-
ten des Faschismus, den Eingang zur römischen Universität und
den Palast der italienischen Zivilisation, auf dem Gelände der
Esposizione Universale Roma gelegen und in Italien das be-
kannteste Bauwerk der Ära Mussolini. In Rossis moderner To-
tenarchitektur ohne Dach und ohne Fußböden, mit ihren fen-
sterlosen Öffnungen und den scheppernden Stahltreppen, die
innen zu den Nischen für die Urnen führen, wird der Faschismus architektonisch auf den Begriff gebracht.

Für die Vertreter eines partizipatorischen Bauens waren die
Probleme von Ungers oder Rossi Glasperlenspiele fern jeden
Realitätsbezuges. Ihnen brannte ganz anderes auf den Nägeln,
die Frage vor allem, wie das Bauen wieder in eine produktive
Verbindung kommen könnte mit denen, für die es gedacht war.
Solange Traditionen und stillschweigende Vereinbarungen hiel-
ten und die Bauherren in der Regel auch die künftigen Benutzer
waren, kam es zwar immer wieder zu Streit, das grundsätzliche
Einvernehmen aber blieb ungefährdet. Im 20. Jahrhundert begann sich das radikal zu ändern. Der elitäre Populismus Robert
Venturis, der dem architektonischen Alltag nicht mehr als Schul-
meister gegenübertrat, sondern als Schüler, stieß zwar intellek-
tuell wie ästhetisch viele Fenster auf, die traditionelle Rolle des
Architekten aber hat er nicht verlassen. Erst im Umfeld von
1968 wurde die Frage virulent, ob Architektur nicht viel zu
wichtig sei, um sie den Architekten zu überlassen. Nicht allein
die Lösungen wurden zweifelhaft, sondern auch die Wege dort-
hin. Schlimmer noch: Waren nicht vielleicht schon die Fragen
falsch, weil zu eindimensional und zu sehr auf schnelle und pro-
blemlose Lösungen gerichtet? Mußten sich nicht alle Beteiligten
aus den Denkgewohnheiten und -faulheiten lösen, die die erste
Hälfte des Jahrhunderts bestimmt hatten?

Eines der bleibenden baulichen Zeugnisse solcher Ausbruchs-
versuche entstand als unmittelbares Produkt der Studenten-
revolte in Brüssel, wo die Studenten 1968 die Hochschulleitung

39   Aldo Rossi, Friedhof S. Cataldo, Modena, Entwurf, ab 1971

zwangen, ein neues Studentenheim Lucien Kroll zu übertragen, der einen innovativen Planungsprozeß in Gang brachte, den er selbst als eher ethnographisch denn soziologisch beschrieb. Da normale Menschen die gezeichnete und gesprochene Sprache der Planer nicht verstünden, sollten planerische Festlegungen möglichst lange hinausgeschoben werden. Zunächst sei das sozial Gewollte zu klären, dann erst die Probleme der Umsetzung, die wiederum kritisch zu diskutieren seien. Am Ende der Brüsseler Diskussionen mit und unter den Studenten, die sich nicht einig wurden, stand ein Gebäude mit zwei Gesichtern, einem konventionell modernen, das auch einem Bürohaus in der City gut angestanden hätte, und einer anschließenden Hälfte von demonstrativ antiautoritärem Gebaren. Kroll verstand sich nicht als Präzeptor, sondern als Berater, Begleiter und Anwalt, der den Studenten mit seinem Team in langen Diskussionen zu helfen suchte, ihre wirklichen Bedürfnisse zu entdecken. Vorgegeben war allein das Tragesystem, dessen Stützen allerdings so unregelmäßig angeordnet wurden, daß sie, laut Kroll, nicht marschierten, sondern schlenderten.

Die Bedürfnisse und Erwartungen sind bei allen am Bauen Beteiligten oft fremdbestimmt und deformiert und können sich vor allem auf der Seite der Bauherren und der Nutzer in der Regel nur schwer artikulieren. Wie also kann man in den Stand kommen, zu wissen und zu vermitteln, was man für sich selbst, für die Familie, für die Stadt, für das Land, für die Welt eigentlich möchte? Abhilfe versprach hier die von Christopher Alexander in den siebziger Jahren entwickelte *Pattern Language*, was mit *Mustersprache* nur sehr unzureichend übersetzt ist, denn die Muster, die gemeint sind, beschreiben eher räumliche und soziale Situationen als Stilmuster. Architektur ist für Alexander Teil einer Lebenswelt, in der alles mit allem zusammenhängt. Jedes *pattern* beginnt mit einer Charakterisierung in Wort und Bild, versucht dann, den Kern in einer abstrakten Zeichnung zu fixieren und von dort aus Vernetzungspunkte mit anderen *pattern* zu finden. Die *pattern language* nimmt den Probanden nicht fest an die Hand und stellt ihm auch keine Rezepte aus, sondern schickt ihn auf Entdeckungsreise. Das erste Bei-

40 Ralph Erskine, Siedlung Byker Wall, Newcastle, 1969–1981

spiel im Buch ist der für das amerikanische Haus so wichtige
porch, für dessen Gestaltung der Blick auf zehn weitere *pattern*
gelenkt wird: *private Terrasse an der Straße, sonniger Platz,
Außenwohnraum, Balkon von sechs Fuß, Pfade und Ziele, wech-
selnde Deckenhöhe, Säulen an den Ecken, eine Bank vor dem
Haus, Blumen, verschiedene Stühle.* Von den 253 *pattern* in
Alexanders Buch sollte der Leser aber vor allem angeregt werden, selbst weitere zu formulieren.

Vielleicht hätte Ralph Erskine sich leichter getan, hätte
er 1968, als ihn der Auftrag für die Großsiedlung Byker Wall
in Newcastle-upon-Tyne erreichte (Abb. 40), eine *pattern language* zur Verfügung gehabt. Erskine hatte in Otterlo Louis
Kahn zugehört und sich besonders von der Forderung beein-
drucken lassen, man müsse vor allem darauf achten, was ein
Gebäude von sich selbst aus sein wolle. Anders als Kahn wollte
er sich dabei allerdings nicht allein der eigenen Intuition anver-

trauen, sondern auch denen zuhören, die später mit der Siedlung würden leben müssen. Do-it-yourself-Verfahren verboten sich bei 2300 Wohnungen für über 8000 Menschen von selbst. Byker Wall, hervorragend vom Gartenzaun bis zur Gesamtanlage, verdankt seine Qualität ganz wesentlich der produktiven Interaktion der Bewohner und der Architekten. Die Siedlung hat ihren Namen von der langgestreckten hohen Wohnzeile, die sie vor den kalten Nordseewinden und dem Lärm einer geplanten Autobahn schützen sollte. Byker war keine neue Siedlung, sondern die Sanierung eines zum Slum gewordenen Viertels, dessen Bewohner bleiben und bei der Sanierung ein Mitspracherecht haben sollten. Erskine konzipierte ein schrittweises Vorgehen, um die räumlichen und sozialen Bindungen während der Bauzeit möglichst wenig zu beschädigen. Beim Arbeitsbeginn bezogen Mitglieder von Erskines Büro Quartier in Byker, hatten also unmittelbaren und täglichen Kontakt mit denen, für die sie bauten. Die wünschten sich bald mehr und anderes, als die Architekten vorgesehen hatten. Statt vieler Hochhäuser wollten sie mehr von den gewohnten Reihenhäusern, dafür aber ein völlig neues Straßennetz. Daß daraus ein ganz selbstverständlich wirkendes Geflecht aus Wegen, Plätzen und Grün wurde, haben sie den Architekten zu verdanken, denn nur die konnten konkrete Möglichkeiten entwickeln, wie die allgemeinen Forderungen zu realisieren waren, und nur sie konnten auch die in Byker früher unbekannten Holzbalkone vorschlagen, die einen vorher nicht vorhandenen Außenwohnraum schufen und von den Bewohnern leicht selbst zu warten und zu reparieren sind. Zur besonderen Qualität von Byker gehört außerdem, daß nicht nur die Einzelelemente und die Großform sorgfältig bedacht wurden, sondern auch Zwischenbereiche wie die Wege oder der Blick von den Wohnungen in die Siedlung. Die Einzelheiten zeigen überall die Handschrift des Architekten, der sich auch nicht verstecken wollte, war er doch bei diesem Unternehmen ein aktiver Partner, der seine Kompetenz in den Dienst der gemeinsamen Sache stellte, nicht Vollzugsbeamter für Betroffenenwünsche. Gelassen und souverän wie der Bau sind auch die wenigen Äußerungen Erskines: Gemeinschaft entstehe, «wenn die Menschen sie wollen. Wenn sie sie nicht wollen, helfen auch die Dinge nicht. Aber falls sie sie wollen, dann werden ihnen die guten Dinge dabei helfen und die schlechten werden sie daran hindern. Und das ist alles. Eine Art Hebammenarbeit, mitzuhelfen, daß brauchbare und angenehme Dinge entstehen können, nicht sie zu erschaffen.»

Geschichte in der Moderne

«History is bunk», «Geschichte ist Humbug», soll Henry Ford gesagt haben, und dazu paßt die populäre Legende, Walter Gropius habe bei seiner Ankunft in Harvard 1937 als erste Amtshandlung die Geschichtsbücher in den Giftschrank verbannt. Dabei meinte er nur – wie lange vor ihm der nun wahrlich nicht geschichtsvergessene Otto Wagner –, der junge Architekt müsse erst einmal in der eigenen Gegenwart Fuß gefaßt haben, bevor er von der Geschichte lernen könne. Für die Generation von Gropius, geboren 1883, die sich noch gegen einen vitalen Historismus ihren Weg bahnen mußte, war die bewußte oder unbewußte Auseinandersetzung mit Geschichte unentrinnbarer Teil der Selbstfindung. Nach dem Zweiten Weltkrieg dagegen war Geschichte im Sinne einer einigermaßen kontinuierlichen Tradition nicht mehr Teil des architektonischen Über-Ich. Die Rebellen von Otterlo suchten ihre Identität bereits in der Reibung an einer inzwischen gealterten Moderne. 1980 schien die Schlacht geschlagen, auf der Biennale in Venedig triumphierte die Postmoderne unter der Devise *la presenza del passato*, der einleitende Katalogtext des Kurators Paolo Portoghesi verkündete das «Ende der Prohibition».

Als der junge Robert Venturi sich der Geschichte zuwandte, tat er dies auf dem Umweg über das Studium der Kunstgeschichte, die ihm die Augen öffnete für die Komplexitäten des Manierismus, der Spätgotik oder auch des englischen Barock. *Complexity and Contradiction* ist nicht zuletzt auch ein Geschichtsbuch. So wie der Text sich immer wieder mit Mies van der Rohe anlegt, so nehmen die Bildfolgen immer wieder den Le Corbusier der zwanziger Jahre ins Visier, bei dem die Geschichte neben Technik und Geometrie den dritten Pol des Spannungsfeldes bildete, in dem seine Architektur ihren Platz suchte. Corbusiers Interesse an Geschichte war ein ganz eigennütziges, die ursprünglichen Bedingungs- und Wirkungszusammenhänge hat er souverän beiseite gelassen. Ob Michelangelos Peterskirche, das mittelalterliche San Clemente oder Pantheon und Parthenon – ihn interessierte nur die Ästhetik, denn nur auf dieser Ebene wurden die älteren Bauten mit den eigenen kommensurabel. Daß Le Corbusier später das Bezugsfeld der Meisterwerke der Weltarchitektur verlassen und sich der anonymen, scheinbar zeitlosen *Architektur ohne Architekten* des Mittelmeerraumes zugewandt hatte, wurde von Venturi, dessen Kanon ein einziger Angriff auf Le Corbusier war, nicht zur Kenntnis genommen. Alles Klassische schied für ihn aus, dafür rückte das Widersprüchliche und Komplexe in den Vordergrund, wie es vor allem in den Spätzeiten der Stile auftaucht. Späte Gotik galt Venturi mehr als die der Kathedralen, Manierismus mehr als Hochrenaissance, süddeutscher Spätbarock mehr als Bernini, und in der Klassischen Moderne studierte er eher Alvar Aalto als Walter Gropius. Ein Ferment, das auch dem Blick auf die Geschichte einen Schuß Ironie beimischte, war die *Pop-art,* die durch ungewohnte Kontexte und Betrachtungsweisen auch an Vertrautem neue Bedeutungen freizulegen verstand. So ist in dem Kapitel, das das unvermittelte Nebeneinander der Gegensätze zum Gegenstand hat, Jeffersons *University of Virginia* auf derselben Seite abgebildet wie die Kathedralen von Granada und Todi, zwei Details von Michelangelos Palazzo Farnese und eines der Gemälde, in denen Jasper Johns einander überlagernde amerikanische Flaggen zeigte.

1966, im Jahr von *Complexity and Contradiction,* erschien auch der zweite «Klassiker» der postmodernen Architekturtheorie, Aldo Rossis *L'architettura della città.* Rossi beschäftigte nicht die Vielfalt des real und gegenwärtig Existierenden, sondern das Dauernde oder doch nur langfristig sich Verändernde, die *permanenze*. Die Grundelemente der Stadt suchte er zu erfassen, nicht ihre Oberfläche, und nicht die zeitgenössische Wahrnehmung sollte die Grundlage von Architektur und Städtebau werden, sondern die Verankerung im kollektiven Gedächtnis. Der Hort, in dem dieses Vermächtnis bewahrt wird, ist die historische Stadt. Stadt war für Rossi ein rein architektonisches Phänomen, kein soziales oder funktionales. Die Architektur der Stadt bestand für ihn aus den großen Monumenten, was zwischen ihnen lag, interessierte nicht. Selbst wenn nur der Markusplatz mit dem Dogenpalast als einzige Zeugnisse des alten Venedig in einer ansonsten vollkommen verwandelten Stadt übrigblieben, würde uns ihr Anblick nicht weniger ergreifen, weil sie uns als bauliches Zentrum des alten Venedig immer noch unmittelbar an dessen Geschichte teilnehmen ließen. Das eigentliche Konzentrat, die Seele Venedigs, fand Rossi gar nicht in der Stadt selbst, sondern im Museum. Immer wieder kam er auf ein Capriccio zurück, in dem Antonio Canaletto Palladios unausgeführten Entwurf für den Rialto mit dessen *Palazzo Chiericati* und der *Basilica*, zwei Bauten in Vicenza also, kombinierte. So entstehe eine Stadt, die wir kennen, obgleich sie nur ein imaginärer Ort für eine bedeutende Architektur sei. Auch bei den Monumenten, den primären Elementen der Stadt, kam es Rossi nicht auf die Funktion an, sondern auf die Form, denn die Funktionen wechselten, die Gehäuse aber, die die Stadt ausmachten und die Erinnerung an sie prägten, bleiben bestehen. Die historische Sicht der Stadt werde ergänzt durch eine Betrachtungsweise, «die sich nicht nur mit der materiellen Struktur, sondern mit der Idee der Stadt als einer Synthese aller ihrer Qualitäten beschäftigt. Wir haben es hier mit einem Phänomen der Kollektivimagination zu tun. In diesem Sinne gibt es eine Stadtidee von Athen, Rom, Konstantinopel oder Paris, die mehr ist als die physische Gestalt oder die historische Permanenz dieser Städte.»

Der fortschreitenden Zerstörung der Städte in den sechziger und siebziger Jahren hatten solche Meditationen nichts entgegenzusetzen. Je mehr verlorenging, desto größer wurden die gesellschaftlichen Bedürfnisse nach erfahrbarer, sinnlich präsen-

ter Geschichte. Die Denkmalpflege gewann an Boden, aber auch
der Wunsch, das Neue möge mit dem Alten verträglicher werden, als man es täglich erlebte. Anders als beim Wiederaufbau
nach dem Kriege war man mit Schäden konfrontiert, die nicht
von außen kamen, sondern die die Städte sich selbst zugefügt
hatten, und das keineswegs aus selbstzerstörerischen Trieben,
sondern mit den besten Absichten, etwa der, endlich autogerecht
zu werden. «Neues Bauen in alter Umgebung» hieß nun das Lo-
sungswort, wobei von der Gegenwart bewußte und respektvolle
Auseinandersetzung mit dem Bestehenden erhofft wurde. Die
Spannweite reichte vom scharf inszenierten Kontrast bis zu Mi-
mikry und rekonstruierendem Geschichtsersatz.

Wie schwer es war, der verschwindenden Geschichte habhaft
zu werden, zeigen die Ergebnisse. Hilfreich war, daß sich in der
Architekturtheorie ein Paradigmenwechsel vollzog. Hatte Sieg-
fried Giedion sein unter dem Patronat von Walter Gropius in
Harvard erarbeitetes Grundlagenwerk noch *Space, Time and
Architecture* (1941) genannt, so wurden die kantischen Kate-
gorien von Raum und Zeit zunehmend durch die Bezüge auf
Ort und Gelegenheit, *place and occasion*, abgelöst. Auch der
Genius loci, dem Christian Norberg-Schulz 1978 ein schönes
Buch widmete, erhob sein Haupt. Von dergleichen war schnell
und leicht zu reden, aber nur selten wurde ausgelotet, was
denn nun mit dem Ort gemeint war, dessen Geist erkundet
werden sollte. Nur der Bauplatz oder auch das Quartier, wo-
möglich die ganze Stadt, oder vielleicht sogar die Region? Hatte
man die Stadt von heute im Blick, die von gestern oder gar die-
jenige, die sie «eigentlich» werden wollte oder sollte? Sollten
nur Fassaden berücksichtigt werden oder auch konstruktive
und städtebauliche Gefüge, nur Werte der Form oder auch solche der Erinnerung, nur die Sonnenseiten der Geschichte oder
auch deren Schattenzonen? Sollte das Vorhandene Verpflich-
tung sein oder Spielmaterial, das Verhältnis zu ihm mimetisch,
paraphrasierend oder kontradiktorisch? Konnte es feste Regeln
geben oder nur Einzellösungen? Die berühmten Beispiele könnten unterschiedlicher kaum sein: bei der bereits in Otterlo dis-
kutierten Torre Velasca in Mailand (vgl. Abb. 33) ein Sich-Hin-

einfinden in das Zentrum einer historisch geprägten Großstadt; bei Gottfried Böhms Rathaus in Bensberg die Integration in eine vorhandene Stadtburg, die aber, erst «nach Befund» selbstverständlich, so hergerichtet wurde, daß sie die neue Architektur, die sich ihr anpaßte, nicht stört; bei Carlo Scarpa in Venedig schließlich ein palimpsestartiges Ineinander, das das Alte neu und das Neue alt aussehen ließ.

Eher als Reaktion auf die dramatischen Verluste als aus vorausgehender tieferer Einsicht öffnete sich das Geschichtsbewußtsein der Öffentlichkeit in den siebziger Jahren sogar für Bereiche, die vorher als Schandflecke galten, wie die Architektur und der Städtebau der Gründerzeit. Als sich die Internationale Bauausstellung Berlin für 1984 die Reparatur der Stadt zur Aufgabe stellte, geschah dies nicht allein durch Neubauten, die typologisch und formal Anschluß an die Baugeschichte Berlins suchten, sondern auch mit einer Abteilung, die sich unter der Leitung von Hardt-Waltherr Hämer die erhaltende Sanierung des berüchtigten *Steinernen Berlin* zum Ziel setzte und damit in einem Gebiet begann, das die zukunftsfrohen Planer, denen so etwas wie die vorgefundene «Kreuzberger Mischung» schlicht ein Ärgernis war, längst aufgegeben hatten. In einer Broschüre von 1956 hatten sie aufgelistet, was sie empörte: Repräsentationsbauten an ungeeigneten Plätzen, Gotteshäuser zwischen Kneipen und Tanzlokalen, tonnenschwere Stuckfassaden mit geschmackloser Pseudostilistik an den Häuserfronten, unästhetische Giebel und Lagerplätze, Fabrikschlote in Wohn- und Geschäftsgebieten, ungleiche Gebäude- und Traufhöhen, Gesundheits- und Schulstandorte in lärmenden und verkehrsreichen Lagen und zu enge Straßen, die den Anforderungen des modernen Verkehrs nicht genügten. Daß der Stadt mit den geplanten Abrissen ein wesentliches Stück ihrer Geschichte entzogen und die Stadt damit ärmer geworden wäre, scherte die Verantwortlichen bis in die siebziger Jahre wenig. Nun aber die Alternative: die Stadtprobleme nicht mehr als einen gordischen Knoten zu betrachten, den es zu zerschlagen galt, statt dessen nicht nur die baulichen, sondern, und dies vor allem, auch die sozialen Strukturen zu erhalten. Und das in einem vorsichtigen Verfahren,

Schritt für Schritt, in einem Prozeß, der unterwegs noch lernen kann. Statt städtebaulicher Chirurgie und schneller Lösungen ein für allemal Behutsamkeit, Umsicht und die Kunst des minimalen Eingriffs, im Städtebaulichen wie im Sozialen. Viel war dabei von Bologna zu lernen, wo in den sechziger Jahren mit dem Pilotprojekt des *risanamento conservativo*, der erhaltenden Sanierung, von Pierluigi Cervellati und anderen ein Instrumentarium entwickelt worden war, das bereits vom Verschwinden bedrohte Geschichte für die Zukunft rettete. Das wichtigste Movens war ein höchst modernes, der Versuch nämlich, Gegenstrategien zu einem kapitalistischen Städtebau zu finden, der immer mehr Menschen aus den Innenstädten vertrieb. Die Erhaltung und Sanierung der baulichen Substanz war dabei nicht nostalgischer Selbstzweck, sondern das entscheidende Mittel zur Erhaltung der sozialen Strukturen. Der Bezug allein auf die Monumente, von denen es in dem Quartier um San Leonardo ohnehin nicht allzu viele gibt, konnte dabei nur wenig helfen, viel aber der intensive Blick auf die geschichtlich geprägte soziale und bauliche Eigenart des Quartiers und seiner Bauten.

Technik als Thema

Eines der Problemfelder, die die Architektur auch weit in das 21. Jahrhundert hinein in Atem halten werden, ist das Verhältnis zur Technik. Es hat viele Facetten, von denen hier nur eine berührt werden kann, die Frage nämlich, wie Technik in der Architektur sichtbar und thematisch wird. Architektur und Technik, früher einmal eng verbunden, hatten sich im 19. Jahrhundert für jedermann sichtbar getrennt. Zwar waren auch die Großbauten des Historismus nicht ohne aufwendige Bautechnik ausgekommen, aber die wurde an die Ingenieure delegiert und nach außen hin hinter viel Stein verborgen. Offen zutage trat das Bauen der Ingenieure bei den technischen Bauten und bei den Weltausstellungen. Dabei war die Technik Mittel zum

Zweck, bei den großen Hallen in der Nachfolge von Joseph Paxtons Londoner Glaspalast zum Beispiel, sie konnte aber auch um ihrer selbst willen und zu Repräsentationszwecken eingesetzt werden. Der Eiffelturm wäre, nüchtern betrachtet, zunächst einmal ein Gebilde von gigantischer Zwecklosigkeit, hätte er nicht der Welt demonstriert, daß das 1871 im Deutsch-Französischen Krieg gedemütigte Frankreich am 100. Jahrestag der Französischen Revolution mit solch einem technischen Spektakulum wie dem damals höchsten Gebäude der Welt auftrumpfen konnte.

Schon seit der Mitte des 19. Jahrhunderts hatte Eugène Emmanuel Viollet-le-Duc seinen Zuhörern vorgehalten, die Pariser Hallen oder der Glaspalast seien die Architektur der Zukunft, und die Architekten würden obsolet werden, könnten sie nicht zu den Ingenieuren aufschließen. Fast siebzig Jahre später sollte Le Corbusier dieses Thema wieder aufgreifen, als er sich auf die Suche nach einer dem Maschinenzeitalter angemessenen Ästhetik machte. Auch er fand sie bei den Ingenieuren. Deren Ästhetik und die wahre Baukunst seien im tiefsten Grunde dasselbe, eines aus dem anderen folgend, das eine aber in voller Entfaltung begriffen, das andere in peinlicher Rückentwicklung. Die Architekturschulen lehrten das Falsche, die Schminke und die Schliche der Kurtisanen. Die Ingenieure dagegen, gesund und männlich, aktiv und nützlich, moralisch und fröhlich, arbeiteten in Einklang mit den Naturgesetzen und versetzten den Menschen in Harmonie mit dem Universum: «Die Erzeugnisse der Maschinenbautechnik sind Gebilde, die nach Reinheit streben und die den gleichen Entwicklungsgesetzen unterliegen wie die Dinge der Natur, die unsere Bewunderung hervorrufen ... Ein ernsthafter Architekt, der als Architekt (Schöpfer von Organismen) einen Ozeandampfer betrachtet, wird in ihm die Befreiung von jahrhundertelanger, fluchbeladener Knechtschaft erkennen.» Ein Feuerwerk brillanter Bild- und Textsequenzen feiert in Corbusiers Buch *Vers une architecture* von 1922 mit den Ozeandampfern, den Flugzeugen und den Automobilen auch eine Welt des Luxus, der Bewegung und der Freiheit vom Alltag, um schließlich in der Parallelisierung der Entwicklung des Auto-

mobils und der des griechischen Tempels zu gipfeln. Bis zur Ido-
latrie gesteigerte Technikbegeisterung erfüllte in den zwanziger
Jahren auch viele sowjetische Architekten, von Tatlins Turm für
die III. Internationale bis zu den Entwürfen für den Sowjetpalast. Der historische Kontext war jedoch ein ganz anderer als bei
Le Corbusier, denn hier sollten in einem Land, das technisch
noch weit hinter dem Westen zurücklag und in dem die Erfahrungen mit dem technischen und industriellen Fortschritt noch
gering waren, die technischen Potentiale einer künftigen sozialistischen Welt antizipiert werden. Anders als der verehrte Corbusier suchte man die Vorbilder deshalb nicht im Bereich des Konsums, sondern in dem der Produktion, und da wiederum bei
Gebilden wie Kränen und Fördertürmen, in denen auch Bewegung sichtbar wurde.

Die gesellschaftliche und politische Symbolkraft der Technik
war auch nach dem Zweiten Weltkrieg noch nicht erloschen.
Als sich Deutschland 1958 auf der Brüsseler Weltausstellung architektonisch auf dem internationalen Parkett zurückmeldete,
konnte dies kaum anders geschehen als mit einem Pavillon
aus Glas und Stahl (Egon Eiermann und Sep Ruf), der nicht
nur Modernität und technisches Leistungsvermögen ausstrah-
len sollte, sondern auch demokratische Offenheit und Transparenz. 1972 folgte die auch technisch sensationelle Dachlandschaft des Münchner Olympiaparks, mit deren Leichtigkeit und
Beschwingtheit Günter Behnisch, Frei Otto und ihre Mitstreiter
die Bundesrepublik aus dem Schatten der Berliner Olympiade
und ihrer nationalsozialistisch geprägten Monumentalbauten
zu lösen versuchten. Die gezeigte Technik und die angewandte
waren allerdings nicht deckungsgleich. Vieles von dem, was
technisch geschah, entzieht sich der Anschauung oder ist im Boden versteckt. Die konstruktive Ehrlichkeit mußte hinter der
Symbolik zurückstehen. Man habe eben in München, so resi-
gnierte Frei Otto, die Gigantomanie der olympischen Organisation mit einem Schleier verhüllen, Humanismus dozieren, eine
neue olympische Schicksalsrhapsodie komponieren wollen.

Statt mit technischer Leichtfüßigkeit konnte man aber auch
mit Säbelrasseln auffallen. Die Maschinerie des *Centre Pompi-*

dou, die in den siebziger Jahren mitten in Paris zwischen den Hallen und dem Marais vor Anker ging, war eine kalkulierte Provokation. Das Mixtum compositum aus Haustechnik, konstruktivistischen Utopien, technoiden Stadtvorstellungen und antiautoritären Lebenskonzepten ist ein extrovertierter Bau, der zur Piazza hin als Symbole der Dynamik zeitgenössischen Lebens seine Aufzüge, Verbindungsgänge und Fluchttreppen nach außen stülpt, auf der Rückseite dagegen seine Haustechnik.

Die Ästhetik der Pop-art ist hier nicht weit, und sie belebte auch viele andere Bauten, die *High Tech* heißen, ohne es in jedem Falle auch zu sein. Hauptwerke wie das Londoner *Lloyds Building* von Richard Rogers oder die *Hongkong Bank* von Norman Foster sind zweifellos technische Glanzleistungen, aber nicht nur das. Die Technik, der sie ihre Existenz und ihr Funktionieren verdanken, findet zu wesentlichen Teilen unsichtbar statt und kann deshalb architektonisch höchstens mittelbar ausgedrückt werden. Trotzdem sollten oft gerade Verwaltungsgebäude mit ihrem optisch wenig attraktiven Innenleben Zeichen setzen und Werbung treiben, etwa dafür, daß Lloyds, als eine der ältesten Firmen in der City seit langem eine Institution, auch ein Zukunftsunternehmen sei und sich deshalb in der Londoner Skyline mit einem betont futuristischen Firmensitz zu Wort melden wollte. Ein bevorzugtes Spielfeld solcher Architektur war in den achtziger Jahren der Industriebau, wo wie einst bei der AEG neben den Produktions- oder Verwaltungsstätten auch *corporate identities* und *images* zu entwerfen waren. Tragwerk und Hülle wurden meist getrennt. Über das Innere erfährt man wenig, das Überspannen großer Räume aber, das Aufhängen und Befestigen der Dächer oder auch eine monumentalisierte Haustechnik gaben Gelegenheit zu einer technischen und gestalterischen Bravour, von der sich die Bauherren auch einen Abglanz für sich und ihre Produkte erhoffen durften. Deshalb war für sie oft nicht die billigste und praktischste Lösung die letztlich ökonomischste, sondern die spektakulärste. Die ideale Bühne für *High Tech* ist die grüne Wiese, der Stadt gegenüber verhalten sich ihre Bauten meist eher abweisend, und es grenzt an Autismus, wenn man etwa beim Lloyds Building der vielen nach außen gewendeten Aufzüge und Installationen wegen weder von innen nach außen noch von außen nach innen sehen kann.

Manches hatten seit Anfang der sechziger Jahre die englischen Künstler um die Gruppe *Archigram* vorweggenommen, die im Bereich zwischen bildender Kunst und Architektur agierten. Ihr Thema war die Stadt der Zukunft, verstanden als Ereignis, nicht mehr als Ansammlung ortsfester Gebäude. Mobilität war der oberste Wert. Wichtigstes Stadtelement sind riesige Maschinen, die sich überallhin transferieren lassen, sofern es dort nur eine Steckdose gibt, die ihnen Energie liefert. *Walking City* und *Plug-in City* (Abb. 41) hießen diese Idealstädte neuer Art, die sich auch zu beliebig großen Clustern verbinden sollten. Die Produzenten und Regenten dieser gewaltigen Technikparks sind nicht mehr die Architekten, sondern Fachleute aus den technischen Disziplinen. Viele Fragen blieben freilich ungestellt, die technischen der Wartung, der Reparatur oder Entsorgung ebenso wie die der Funktionsverteilung, ganz zu schweigen von den politischen: Was sind die sozialen Konsequenzen einer solchen Welt, in der der einzelne sich mit seiner Wohnkapsel möglicherweise frei bewegen kann, aber nur in Megastrukturen Halt findet, deren Herkunft und Organisation im Ungewissen bleiben? Die Abbildungen allerdings, und *Archigram* war eine Künstlergruppe, stellen das Behauptete zwar nicht grundsätzlich in Frage, setzen es aber doch in Anführungszeichen.

41   Archigram (Ron Herron), Walking City, 1964

Von Ironie war nichts zu spüren, als sich in Tokio eine später als *Metabolisten* bekannt gewordene Gruppe junger Architekten wie Kisho Kurokawa und Kiyonori Kikutake zusammenfand, um die internationale Design-Konferenz von 1960 vorzubereiten, bei der Kenzo Tange seinen revolutionären Plan für ein neues Tokio mit 10 Millionen Einwohnern zur Diskussion stellte. Um den dortigen topographischen und demographischen Nöten zu begegnen, legte er eine schnurgerade Achse durch das Zentrum der Stadt, die bis zur Mitte der Bucht von Tokio ins Meer hinausführen sollte. Die zentralen Funktionen sind dieser Achse – zugleich «Förderband» und «Bühne städtischen Lebens» – angelagert, der sich, wie Äste an einen Stamm, Seitenachsen für die Wohnviertel anfügen sollten. Der von Tange verehrte Le Corbusier hätte in dieser 18 Kilometer langen Struktur seinen Meister gefunden. Wie die Metabolisten wollte auch Kenzo Tange vieles auf einmal: die Moderne nach Japan holen, aber auch die Tradition weiterführen, kollektive Siedlungsformen entwickeln, dabei gleichzeitig die Mobilität des Individuums sichern. Sein Ziel war, feste Strukturen zu finden für dauernden Wandel und eine Zukunft, die er und die Seinen sich kaum anders vorstellen konnten als ihre von wirtschaftlicher Expansion und revolutionären technologischen Schüben gekennzeichnete Gegenwart. Gleichzeitig sollten japanische Tradition und Technik in einer neuen Synthese auch mit der Natur zusammengeführt werden, denn die in Gang zu bringenden Transformationsprozesse dachte sich besonders Kurokawa in Analogie zu denen der Natur, aber auch in Analogie zu dem Wechselspiel zwischen Konstanz und Wandel bei der alle zwanzig Jahre stattfindenden Erneuerung der Tempel von Ise. Die biologisch-organizistischen Analogien, so ernst sie gemeint waren, bewegten sich allerdings in solchen Abstraktionshöhen, daß sie letztlich subjektiv und unverbindlich bleiben mußten.

Große Strukturen brauchen notwendigerweise Konstanz, die Mobilität aber verlangte eher kleine Einheiten. Deren Idealform war die Kapsel, die es auch in der Natur gibt, die aber damals vor allem von der Aura erfolgreicher Weltraumfahrt umstrahlt wurde. Kikutake konzipierte oberhalb der bestehenden

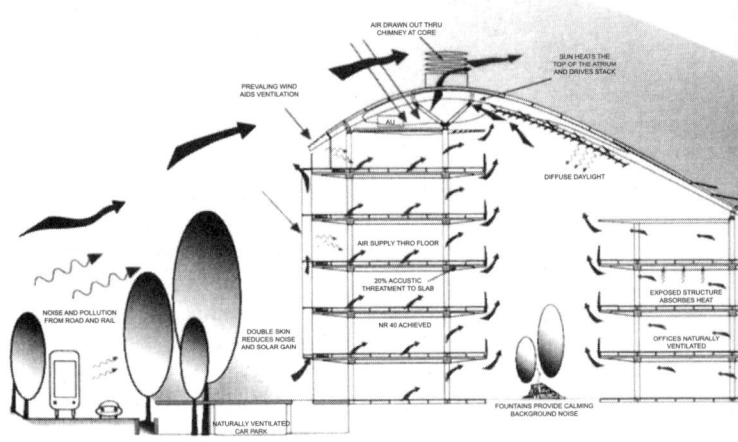

Bebauung riesige Wohncluster, die er sich als gigantische Bäume vorstellte. Ein Modell derartiger Strukturen ist der *Nagakin Capsule Tower*, den Kurokawa ab 1970 in Tokio errichtete. Auch hier ist die Gesamtform unregelmäßig, um die dauernde Veränderbarkeit durch Hinzufügen oder Wegnehmen von Kapseln zu demonstrieren. Die Kapseln dienen als Unterkünfte für Geschäftsleute. Elektronisch perfekt ausgerüstet, sind sie der Platzersparnis wegen sehr niedrig, Grabkammern ähnlicher als Hotelzimmern herkömmlicher Art. Über die Folgen solcher Megastrukturen für Umwelt und Gesellschaft scheint damals kaum nachgedacht worden zu sein. Sie idealisieren und verabsolutieren zeitgenössische Entwicklungstendenzen, ohne nach deren Legitimation zu fragen, und verlieren dabei auch die eigenen Ziele aus den Augen, denn die Freiheiten, die solche Städte verheißen, sind höchst begrenzt, läuft ihre technische und administrative Organisation doch zwangsläufig auf eine *Brave new world* technokratischer Herrschaft hinaus. Allerdings haben besonders die Engländer versucht, bauliche Hochtechnologie in den Dienst der Ökologie zu stellen (vgl. Abb. 42).

Frei Otto, der besonders mit Kenzo Tange und Kisho Kurokawa engen Kontakt hielt, war da schon immer sehr viel reflek-

42 Richard Rogers, Entwurf für eine Steuerbehörde in Nottingham mit einem Dachprofil, das energetischen Gesichtspunkten folgt, Wind- und Sonnenenergie sollten intensiv genutzt werden, Wettbewerbsentwurf 1992

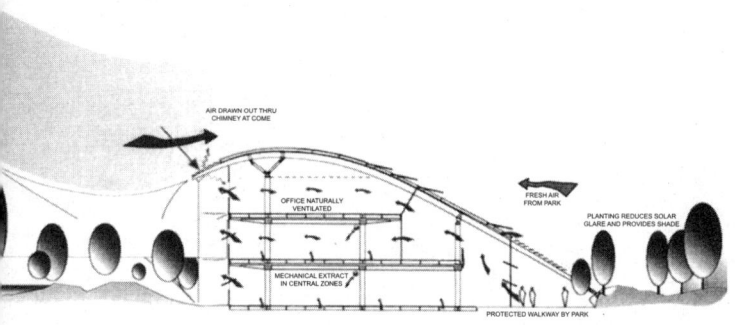

tierter. Auch sind bei ihm die Grundimpulse ganz andere, denn nach den Erfahrungen des «Dritten Reiches» ist nicht die Optimierung und Fortschreibung des Bestehenden sein Ziel, sondern eine herrschaftsfreie friedliche Welt. Hinzu kam in wachsendem Maße die Einsicht, daß der Mensch, der Fremdling in der Natur, diese schädige, störe, auch vernichte und deshalb versuchen müsse, nicht mehr gegen sie zu leben und zu bauen, sondern sie zu erhalten und ein verträglicher Teil von ihr zu werden. Die tragende Intuition für die Verwirklichung solcher Ziele ist der Leichtbau (Abb. 43), für den Frei Otto seit seinen frühesten Arbeiten eine Technik sucht, die die Natur nicht unbedingt biomorph nachbilden, wohl aber von ihr lernen möchte, weil die Natur mit ihren Formen, Konstruktionen, Wachstums- und Optimierungsprozessen allem Menschenwerk weit überlegen sei. 1982 heißt es in Ottos theoretischem Hauptwerk *Natürliche Konstruktionen, Formen und Konstruktionen in Natur und Technik und Prozesse ihrer Entstehung*, gemeinsam mit Forschern anderer Disziplinen studiere er «die Prozesse, welche die Objekte der lebenden Natur formen, also Mikrosphäre, Zelle, Zellverbände, Schalen, Skelette. Wir suchen in der Technik besonders jene Konstruktionen, die aufgrund ähnlicher Prozesse

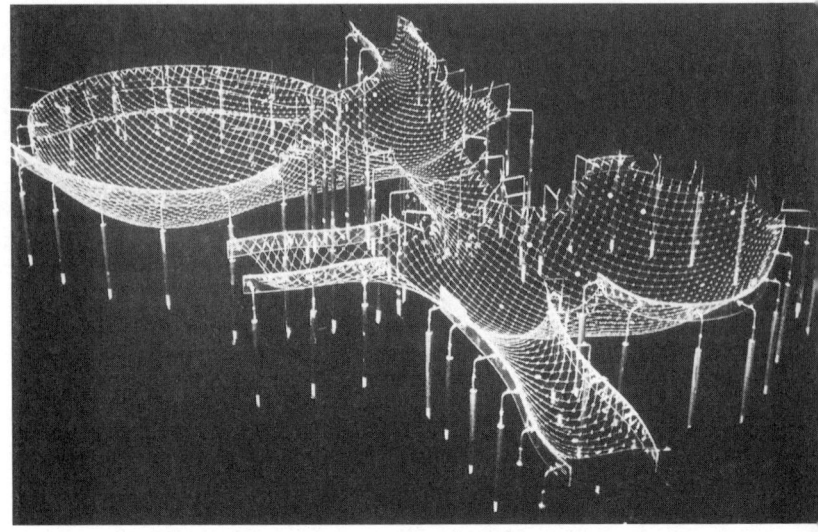

43 Frei Otto mit Carlfried Mutschler, Entwurf der hölzernen Halle
auf der Mannheimer Bundesgartenschau, 1975

entstehen, die wir in der lebenden und in der nicht lebenden
Natur kennen ... Mit natürlichen Konstruktionen wird, wie bei
den Objekten der lebendigen Natur, mit einem Minimum an
Material ein Maximum an Leistung erzielt.» Das Verhältnis zu
den Naturwissenschaften ist bei solchen Forschungen das einer
gegenseitigen Befruchtung. Erst der Ingenieur ermöglicht dem
Biologen ein Verständnis der Konstruktionsprinzipien natürlicher Strukturen, das deren Studium wiederum für den Kon-
strukteur produktiv werden läßt. Im Mittelpunkt des Interesses
stehen für den Ingenieur Frei Otto mehr die physikalischen als
die organischen Selbstbildungsprozesse der Natur, Zelte vor
allem, aber auch Pneus, Hängekonstruktionen und deren Umkehrung, Verzweigungen oder Gitterschalen. Vor Euphorie wird
gewarnt. Die Anwendung natürlicher Konstruktionen biete
noch keine Gewähr für natürliches Bauen, denn auch sie könnten widernatürlich eingesetzt werden und der Umwelt schaden.
Dem Fernziel natürlichen Bauens zuliebe müßten jedoch auch

die Zwischenstationen in Kauf genommen werden, in denen Themen wie Ressourcenschonung und erneuerbare Energien noch einen weiten Weg vor sich hätten und Sonnen-, Wind- und Gezeitenkraftwerke, Windräder oder Sonnenkollektoren noch weit davon entfernt seien, «endlich ein integrierter Teil eines neuen großen Ganzen, eines neuen Biotops werden» zu können. Auch im Technischen bleibt die Architektur der Moderne ein unvollendetes Projekt.

Anhang

Literatur

Erste *Informationen über Architekten, Länder und Begriffe* findet man bei Lampugnani, Vittorio Magnago (Hrsg.), *Lexikon der Architektur des 20. Jahrhunderts*, 3. Auflage, Ostfildern-Ruit 1998.

Das 20. Jahrhundert war, wie alle Krisen- und Umbruchszeiten, eine theoriefreudige Epoche, weshalb die SCHRIFTEN DER ARCHITEKTEN besondere Aufmerksamkeit verdienen. Alvar Aalto, Walter Gropius, Louis Kahn, Le Corbusier, Adolf Loos, Aldo Rossi, Oswald M. Ungers, Henry van de Velde, Robert Venturi, Otto Wagner, Frank Lloyd Wright und viele andere lohnen bis heute die Lektüre.

In den letzten Jahren sind auch mehrere höchst nützliche TEXTSAMMLUNGEN erschienen. Der Klassiker bleibt Conrads, Ulrich, *Programme und Manifeste zur Architektur des 20. Jahrhunderts*, Braunschweig u. a. 1975. Am ausgewogensten ist Lampugnani, Vittorio Magnano u. a. (Hrsg.), *Architekturtheorie 20. Jahrhundert. Positionen, Programme, Manifeste*, Ostfildern-Ruit 2004. Die vollständigste, auch Osteuropa einbeziehende Auswahl findet sich bei De Benedetti, Mara/Pracchi, Attilio (Hrsg.), *Antologia dell'architettura moderna. Testi, manifesti, utopie*, Bologna 1988. Wichtig wegen der Texte und der Kommentare ist auch Moravánzsky, Akos (Hrsg.), *Architekturtheorie im 20. Jahrhundert. Eine kritische Anthologie*, Wien 2003. Anregend ist die Lektüre von Forty, Adrian, *Words and Buildings. A Vocabulary of Modern Architecture*, London 2000.

Unter den Anthologien, die einzelne PERIODEN ODER PROBLEMKREISE erschließen, herausragend in Auswahl und Kommentierung: Ockman, Joan (Hrsg.), *Architecture Culture 1943–1968. A Documentary Anthology*, New York 1993. Von großem Interesse sind auch die folgenden Textsammlungen: Albers, Gerd/Papageorgiou-Venetas, Alexander (Hrsg.), *Stadtplanung. Entwicklungslinien 1945–1980*, Tübingen 1984; Blomeyer, G. R./Tietze, B. (Hrsg.), *Aktuelle Positionen in der Architektur. Ein Textbuch*, Braunschweig u. a. 1980; De Bruyn, Gerd/Trüby, Stephan (Hrsg.), *architektur-theorie.doc. Texte seit 1960*, Basel u. a. 2003; Hartmann, Kristiana (Hrsg.), *Trotzdem modern. Die wichtigsten Texte zur Architektur in Deutschland 1919–1933*, Braunschweig u. a. 1994; Hays, K. Michael, *Architecture. Theory since 1968*, Cambridge, Mass. 1998; Hays, K. Michael (Hrsg.), *Oppositions Reader*, New York 1998; Lampugnani, Vittorio Magnago u. a. (Hrsg.), *Anthologie zum Städtebau. Band III, Vom Wiederaufbau nach dem Zweiten Weltkrieg bis zur zeitgenössischen Stadt*, Berlin 2005; Nesbitt, Kate (Hrsg.), *Theorizing a New Agenda for Architecture. An Anthology of Architectural Theory 1965–1995*, New York 1996; Posener, Julius (Hrsg.), *Anfänge des*

Funktionalismus. Von Arts and Crafts zum Deutschen Werkbund, Frankfurt u. a. 1964; Rendell, Jane/Penner, Barbara/Borden, Ian (Hrsg.), *Gender, Space, Architecture. An Interdisciplinary Introduction*, London 2000, und Teut, Anna (Hrsg.), *Architektur im Dritten Reich 1933–1945*, Frankfurt u. a. 1967.

Von den Werken, die das ganze 20. JAHRHUNDERT in den Blick nehmen, ist Curtis, William J., *Modern Architecture since 1900*, 3. Auflage, London 1996, am reichsten an Material.

Besonders anregend sind Frampton, Kenneth, *Die Architektur der Moderne. Eine kritische Baugeschichte*, Stuttgart 1983, Pehnt, Wolfgang, *Das Ende der Zuversicht. Architektur in diesem Jahrhundert. Ideen, Bauten, Dokumente*, Berlin 1983, sowie Posener, Julius, *Vorlesungen zur Geschichte der neuen Architektur*, in der Zeitschrift *arch-plus*, Hefte 48 (1979), 53 (1980), 59 (1981), 63–64 (1982) und 69–70 (1983).

Wichtige Erkenntnisse brachten oft Beiträge in den Begleitbüchern zu wichtigen AUSSTELLUNGEN. Dazu als Beispiele: Bergdoll, Barry/Riley, Terence (Hrsg.), *Ludwig Mies van der Rohe. Die Berliner Jahre 1907–1938*, München u. a. 2001; Ciucci, Giorgio (Hrsg.), *Giuseppe Terragni*, Mailand 1996; Huse, Norbert (Hrsg.), *Siedlungen der zwanziger Jahre heute. Vier Berliner Großsiedlungen 1924–1984*, Berlin 1984; Klotz, Heinrich (Hrsg.), *Vision der Moderne. Das Prinzip Konstruktion*, München 1986; Moos, Stanislaus von (Hrsg.), *L'Esprit Nouveau. Le Corbusier und die Industrie 1920–1925*, Berlin 1987; Nerdinger, Winfried (Hrsg.), *Frei Otto. Das Gesamtwerk. Leicht bauen, natürlich gestalten*, München 2005; Nerdinger, Winfried (Hrsg.), *100 Jahre Deutscher Werkbund 1907–2007*, München 2007; Zumowsky, John (Hrsg.), *Chicago Architektur 1872–1922. Die Entstehung der kosmopolitischen Architektur des 20. Jahrhunderts*, München 1987.

Aus der Vielzahl von EINZELSTUDIEN, die auch als Einführungen dienen können, seien einige wenige herausgegriffen, die auf deutsche Entwicklungen Bezug nehmen: Banham, Reyner, *Die Revolution der Architektur. Theorie und Gestaltung im Ersten Maschinenzeitalter*, Reinbek 1964; Buddensieg, Tilmann u. a., *Peter Behrens und die AEG 1907–1914*, Berlin 1979; Durth, Werner, *Deutsche Architekten. Biographische Verflechtungen 1900–1970*, Braunschweig 1986; Franciscono, Marcel, *Walter Gropius and the Creation of the Bauhaus*, Urbana 1971; Huse, Norbert, «Neues Bauen» *1918–1933. Moderne Architektur in der Weimarer Republik*, München 1975; Junghanns, Kurt, *Der Deutsche Werkbund. Sein erstes Jahrzehnt*, Berlin 1982; Klotz, Heinrich, *Moderne und Postmoderne. Architektur der Gegenwart 1960–1980*, Braunschweig 1984; Nerdinger, Winfried (Hrsg.), *Bauhaus-Moderne im Nationalsozialismus. Zwischen Anbiederung und Verfolgung*, München 1993; Pehnt, Wolfgang, *Die Architektur des Expressionismus*, 3. Auflage, Stuttgart 1998; Posener, Julius, *Aufsätze und Vorträge 1931–1980*, Braunschweig u. a. 1981; Vetter, Andreas K., *Die Befreiung des Wohnens. Ein Architekturphänomen der zwanziger und dreißiger Jahre*, Tübingen 2000.

Bildnachweis

Register

C.H.BECK ◼ WISSEN

in der Beck'schen Reihe

Zuletzt erschienen: